LIÇÕES DE
LIDERANÇA
12 CONCEITOS-CHAVE

John Adair

LIÇÕES DE LIDERANÇA
12 CONCEITOS-CHAVE

TRADUÇÃO
UBK Publishing House

© John Adair, 2018
Copyright da tradução © UBK Publishing House

Publicado mediante acordo com Bloomsbury Publishing Plc, Edição original do livro, *Lessons of Leadership*, publicada por Bloomsbury Publishing Plc.

Todos os direitos reservados. Nenhuma parte deste livro pode ser utilizada ou reproduzida sob quaisquer meios existentes sem autorização por escrito dos editores.

COPIDESQUE	Gabriela Silva
REVISÃO	Pérola Paloma | Mario Felix
CAPA E PROJETO GRÁFICO	Bruno Santos
IMAGEM DE CAPA	Kenishirotie | Shutterstock.com

Dados Internacionais de Catalogação na Publicação (CIP)
(Câmara Brasileira do Livro, SP, Brasil)

Adair, John
    Lições de liderança : 12 conceitos-chave / John Adair ; tradução UBK Publishing House. -- Rio de Janeiro : Ubook Editora, 2019.

    Título original: Lessons of Leadership
    ISBN 978-85-9556-076-5

    1. Liderança I. Título.

19-28306   CDD-658.4092

Ubook Editora S.A
Av. das Américas, 500, Bloco 12, Salas 303/304,
Barra da Tijuca, Rio de Janeiro/RJ.
Cep.: 22.640-100
Tel.: (21) 3570-8150

Introdução

Em nosso mundo complexo e interdependente, vulnerável à ruptura, poucas coisas são mais importantes do que a qualidade e a credibilidade dos líderes.

É difícil negar a verdade destas palavras. Veja o noticiário na televisão, no seu smartphone ou leia o jornal de hoje, e o que você encontra? Que o nosso mundo tem, de fato, uma necessidade profunda e urgente de "bons líderes e líderes para o bem" — em todos os domínios do conhecimento humano e em todos os níveis.

A título pessoal, gostaria de acrescentar que toda a minha vida profissional foi governada por essa necessidade e por uma determinação em responder a ela. Em 1979, por exemplo, me tornei a primeira pessoa no mundo a ter o título universitário de "professor de estudos de liderança". Mais recentemente, desempenhei o cargo de reitor de liderança das Nações Unidas, com base no Sytem Staff College das Nações Unidas em Turim.

Desde então, é claro, houve uma proliferação de cursos e professores de liderança em escolas de negócios e universidades em todo o mundo, mas especialmente nos Estados Unidos. Para aqueles entre nós a quem foi atribuída a patente e o título de professor, é saudável ter em mente este comentário de Einstein: "As cadeiras acadêmicas são muitas, mas os professores sábios e nobres são poucos."

Para o benefício de líderes práticos em cargos seniores, bem como acadêmicos, este livro é um resumo das principais lições que aprendi até agora sobre liderança eficaz. Talvez você já esteja familiarizado com alguns dos conteúdos, notadamente os capítulos relativos à Liderança Centrada na Ação, assunto que tem sido abordado extensivamente e tende a ser amplamente conhecido. Outros capítulos, no entanto, são muito mais provisórios e exploratórios. Se você acha que eu deixei de fora algo importante ou que incluí algo que pertence a outro lugar que não sob o guarda-chuva da liderança, por favor não hesite em me avisar: porque o que importa para todos nós neste campo é a verdade.

De fato, acredito firmemente na importância da verdade. A meu ver, "a qualidade e a credibilidade dos líderes" depende, em última análise, de saber e compreender a verdade sobre liderança e estarem dispostos a vivê-la a qualquer custo — "a verdade através da personalidade".

Minha busca pessoal pela verdade sobre liderança começou quando eu era relativamente jovem. Portanto, essa história — e a história deste livro — começa há muito tempo, na St. Paul's School em Londres, em 1952, ano em que a rainha Elizabeth II ascendeu ao trono. Eu tinha dezoito anos e comecei a pensar no assunto com a mente fresca e o desejo de me tornar um bom líder.

1
Primeiros pensamentos

Líderes nascem, não são feitos.
PROVÉRBIO INGLÊS

Quando estava na St. Paul's School, fundei a Sociedade de História, a qual tenho o prazer de dizer que sobrevive até hoje. No meu último mandato como presidente, fui obrigado a fazer uma palestra. Escolhi como tema "liderança na história". Nenhuma nota da minha palestra sobreviveu, mas esta breve reportagem apareceu na revista da escola:

> Liderança, disse ele, poderia ser definida como a atividade de influenciar pessoas a seguir um determinado curso; também deve haver algum poder de espírito por trás do líder. Liderança não é meramente a autoridade do comandante, mas contém necessariamente alguma força estranha da personalidade que atrai o homem comum. Só quando os tempos são favoráveis é que um homem de destino pode tornar-se bem-sucedido. Embora a liderança possa mudar em seu aspecto dependendo da época, as qualidades de um líder são as mesmas.

Por mais curto que seja, este trecho tem também o mérito de resumir tudo o que se sabia — ou talvez deva dizer que se *acreditava* — sobre liderança na época, nomeadamente em meados do século xx.

Por exemplo, reflete a suposição, naqueles dias, de que a liderança era *masculina*. Presentes também naquele tempo havia outros dois pressupostos: o de que a liderança era *ocidental* e essencialmente *militar*.

O grupo de ex-alunos da St. Paul's School inclui não só John Milton e Samuel Pepys, mas também o grande comandante militar do século xviii, o duque de Marlborough, e nos tempos modernos o marechal de campo Lord Montgomery. De fato, durante a Segunda Guerra Mundial, Montgomery ordenou que o grande edifício vitoriano de tijolos vermelhos de sua antiga escola em Hammersmith servisse de sede para o planejamento da Operação Overlord, em 1944. Quando ele nos falou de suas campanhas — no mesmo teatro de conferências que usou para informar o general Eisenhower e o rei George vi sobre os desembarques do Dia D —, "Monty", no palco, falando sem notas, personificou para mim o líder militar definitivo.

A suposição então, eu acho que se pode dizer, era de que a liderança era algo que ocorria *principalmente* no domínio militar e que outros deveriam aprender com a prática no campo de batalha. Portanto, os indivíduos que podiam falar com autoridade sobre o assunto, ou assim acreditavam, eram oficiais militares ativos ou aposentados com distinção. O coronel Lyndon Urwick, um veterano das trincheiras, foi pioneiro nesse papel após a Primeira Guerra Mundial, mas como voz solitária. (Em uma ocasião posterior, ele gentilmente me encontrou para almoçar e me deu cópias assinadas de todos os seus livros e livretos relevantes.)

Após a Segunda Guerra Mundial, os dois líderes militares mais bem-sucedidos da Grã-Bretanha — Montgomery e o marechal de campo Lord Slim — seguiram o exemplo. Slim lecionou e difundiu amplamente a liderança; Montgomery um pouco menos, embora tenha escrito um livro inteiro sobre o assunto intitulado *The Path for Leadership* (1961). Esse foi seguido por *The Art of Leadership* (1964), um livro reflexivo sobre as tradições da Marinha Real, escrito pelo capitão Stephen Roskill, um distinto comandante da Segunda Guerra Mundial e historiador naval, tendo sido dadas bolsas de estudo em uma faculdade de Cambridge.

No entanto, a infiltração da liderança do domínio militar no mundo corporativo em geral levanta duas grandes questões. A primeira diz respeito ao que é tecnicamente chamado de "transferência". Que razões temos para acreditar que o tipo de liderança demonstrada no campo de batalha — seja em terra, no mar ou no ar — é transferível para qualquer tipo de situação em tempo de paz?

Um adicional a esta questão, em contextos militares — como sugeri na minha palestra —, decorre do fato de a liderança estar inextricavelmente misturada ao comando. E assim, temos de reforçar a pergunta: o quanto o "comando e controle" do modelo militar é relevante para situações de paz? Guerra e paz não são dois mundos completamente diferentes?

A segunda questão diz respeito ao desenvolvimento. A liderança pode ser um fenômeno que surge no domínio militar, mas que razões temos para acreditar que pode ser desenvolvido? O consenso geral dos escritores militares em meados do século xx parecia apontar na direção oposta.

Líderes nascem, não são feitos

O vice marechal do ar "Johnny" Johnson foi o melhor piloto de comando de caça britânico na Segunda Guerra Mundial. Em sua biografia Wing Leader (1956), Johnson recorda seu sentimento de perda quando o lendário capitão de grupo Douglas Bader foi derrubado sobre a França.

Em Tangmere, tínhamos simplesmente julgado Bader por sua habilidade como líder e piloto de caça, e para nós o céu alto nunca mais seria o mesmo. Desapareceu a voz confiante, ansiosa e muitas vezes desdenhosa. Exortando-nos, às vezes nos amaldiçoando, mas sempre nos mantendo juntos na luta. Gone era o maior estrategista de todos eles. O dia de hoje marcou o fim de uma era que estava se tornando rapidamente uma lenda.

As qualidades elusivas e intangíveis da liderança nunca podem ser ensinadas para um homem. Ou ele as tem ou não.

Bader tinha-os em toda a medida e em todos os voos nos mostrava como aplicá-los. Ele nos ensinou o verdadeiro significado de coragem, espírito, determinação, intuição – chame do que quiser. Depois que ele se foi, a nossa tarefa foi seguir suas indicações, que apontavam o caminho a seguir.

Esse provérbio inglês — *líderes nascem, não são feitos* — é, na verdade, um descendente muito distante de um provérbio romano, *Nascimur poetae firmus oratores* ("Nascemos poetas, somos feitos oradores"). Ao longo dos séculos ele foi aplicado a outros chamados, e eventualmente a líderes.

"Nascem", neste contexto, significa ter desde o nascimento — ou *como se fosse* desde o nascimento — certas qualidades específicas, como neste caso a qualidade da liderança. Um líder natural, de acordo com este pressuposto, age, comporta-se ou opera de acordo com o seu caráter inerente ou inato.

Os provérbios exigem brevidade, por isso, pela sua natureza, tendem a simplificar demais. Você deve ter notado que o elemento de pensamento *ou* — preto *ou* branco, nascido *ou* feito — se infiltrou na imagem. Está também na declaração do vice marechal do ar Johnson acima, ou seja, que, quando se trata das qualidades misteriosas de liderança, "um homem as tem ou não tem". Você pode ver como uma suposição deste tipo pode derrubar qualquer tentativa de treinamento para a liderança.

Na verdade, sabemos que, pelo contrário, todas as aptidões ou habilidades naturais estão dispostas em um continuum: entre o preto e o branco, há infinitas tonalidades de cinza. Se considerarmos a música, por exemplo, é evidente que a musicalidade natural varia numa escala — pergunte a qualquer mestre de coro. Mas todos os músicos, dos verdadeiramente dotados até aqueles de nós com capacidades musicais mais modestas, precisam de uma forte motivação de trabalho para desenvolverem seu talento. Até mesmo alguém como Mozart tem que praticar no instrumento. Na música, como na liderança, o princípio não é *ou*, mas *e*. Os músicos nascem *e* são feitos.

Aos 92 anos, o lendário violoncelista Pablo Casals foi questionado sobre o porquê de ainda praticar durante quatro horas todos os dias. Ele sorriu e respondeu: "Porque acredito que ainda estou progredindo."

Na liderança, como no amor, tem de haver uma faísca vital. Em ambos os casos é quase impossível de definir. *Vital* me sugere que é essencial para a existência de uma coisa ou para o assunto em questão. *Faísca*, pelo contrário, indica uma partícula de qualidade, como numa "faísca de interesse" ou numa "faísca de vida". Uma faísca é uma partícula latente capaz de crescimento e desenvolvimento. Grandes mestres, aliás, muitas vezes vivem em nossas mentes muito tempo depois de suas lições serem esquecidas, porque de alguma forma misteriosa eles acenderam aquela centelha vital de interesse em nós.

Em *The Path to Leadership* (1960), Montgomery deixou claro que a liderança poderia ser desenvolvida:

> Alguns dirão que líderes nascem, não são feitos, e que você não pode fazer um líder ensinando ou treinando. Não concordo inteiramente com isso. Embora seja verdade que alguns seres humanos têm instintos e qualidades de liderança em um grau muito maior do que outros, e alguns nunca terão o caráter para serem líderes, eu acredito que a liderança pode ser desenvolvida através de formação. Na esfera militar, creio que os soldados serão mais propensos a seguir um líder em cujo conhecimento militar eles têm confiança, em vez de um homem com uma personalidade muito maior, mas sem o mesmo conhecimento óbvio de seu trabalho. [...] Eu sei que achei isso em 1914, quando, sendo um jovem tenente, comandei um pelotão e tive que levá-los em empreitadas contra alemães entrincheirados, ou realizar atividades de patrulha em terra de ninguém. Pela formação que recebi dos meus superiores em tempo de paz, ganhei confiança na minha capacidade de lidar com qualquer situação que um jovem oficial do meu posto poderia encontrar na guerra; isso aumentou o meu moral e a minha capacidade de liderar meu pelotão, e mais tarde a minha empresa.

Por treinamento de liderança, Montgomery parece estar falando sobre a aquisição de um "conhecimento militar" de comando. Mas quando meu livro *Training for Leadership* apareceu em 1968, traçando a introdução do modelo dos Três Círculos em Sandhurst como uma base muito mais ampla para o desenvolvimento da liderança, ele gentilmente o leu "com o maior interesse" e acrescentou em sua carta manuscrita para mim: "A liderança é um assunto imenso... em nenhum lugar é mais importante ensiná-la do que em Sandhurst e em nossas universidades, para a juventude, já que ela geralmente entra em conflito com a geração mais velha".

* * *

Até agora, tenho discutido sobre o serviço militar como a renomada casa da liderança vinda do exterior. Mas em 1952, todos os jovens foram obrigados a fazer dois anos de serviço militar, ainda conhecido na brilhante frase de Winston Churchill como *Serviço Nacional*. Por isso, Paul, meu irmão mais velho, deixou a St. Paul's School e foi para Sandhurst, para onde tinha sido recentemente comissionado como um dos guardas de Coldstream. Assim, em 1953, segui seus passos e me apresentei no quartel em Caterham para as semanas necessárias de treino básico.

Pouco tempo depois, vivi um excelente legado da Segunda Guerra Mundial: o Comitê de Seleção do Gabinete de Guerra. Em *Grandes Líderes* (1989), fiz este breve relato do método:

> No primeiro ano da guerra, o exército britânico confiou em entrevistas para escolher os oficiais, com perguntas do tipo: "Em que escola você estudou?" e "O que seu pai faz?". Tais entrevistas, conduzidas por amadores, foram ferramentas deficientes para prever o desempenho da liderança. Cerca de 25% (e, em um caso, 50%) dos que foram escolhidos por estes métodos foram posteriormente devolvidos às suas unidades pelas escolas de formação de oficiais por serem impróprios para dirigir pelotões.
>
> Alarmado com a elevada taxa de insucesso e os seus efeitos sobre os indivíduos envolvidos, o Ajudante-Geral da época, sir Ronald Adam, reuniu um grupo de trabalho de oficiais seniores e psicólogos, incluindo um americano chamado W. R. Bion, que mais tarde fez uma distinta contribuição no campo da psicologia social. Juntos, eles desenvolveram um novo método de seleção de líderes, o chamado Conselho de Sele-

ção do Escritório de Guerra (WOSB). Era o avô de todos os centros de avaliação que conhecemos hoje.

Um WOSB foi aplicado por vários dias. Baseou-se no princípio de selecionar líderes para grupos, agrupando os candidatos e dando a cada grupo algumas tarefas específicas para realizar. As tarefas foram desenvolvidas para incluir exercícios ao ar livre, como colocar um barril sobre um riacho com equipamento limitado. Vários testes de aptidão, dramatizações, apresentações, testes de liderança de grupo e um curso de ataque foram montados em três dias. O ritmo e as exigências do programa introduziram um elemento de estresse: nada mal quando se está selecionando líderes para a batalha. Então, os selecionadores observaram, com particular atenção, as "tarefas de comando", para ver até que ponto cada candidato executava as funções necessárias para ajudar o grupo a realizar a sua tarefa e manter a equipe unida como uma unidade de trabalho. Em outras palavras, o grupo de trabalho utilizou uma forma embrionária da abordagem dos Três Círculos, juntamente com a noção de funções que responderiam a estas necessidades. Esse foi um conceito muito diferente daquele que se assumiu, de que um líder nasce com certas qualidades de liderança, tais como paciência e determinação, que o equipam para liderar em qualquer situação.

Na Unidade de Formação de Oficiais de Infantaria, além de receber uma única folha de papel contendo uma lista das dezessete "Qualidades exigidas em um líder", não havia mais instruções sobre liderança.

Tendo sido comissionado para os Guardas Escoceses em 1953, juntei-me ao 1º Batalhão e depois ao acampamento ao sul de Port Said, no Egito. No ano seguinte, tornei-me o único oficial do Serviço Nacional a servir na Legião Árabe, uma vez que o Exército jordaniano era conhecido. Lá, estive no recém-criado 9º Regimento, que consistia de cerca de 900 soldados beduínos recrutados na Arábia do Norte e Central. O regimento estava espalhado em torno da Cidade Velha de Jerusalém — ainda em mãos jordanianas — e tinha o seu quartel-general no monte das Oliveiras, onde eu tinha um quarto na encosta leste, com vista para o deserto da Judéia até o Mar Morto e as montanhas azuis de Moabe à distância. O coronel Peter Young, o outro oficial britânico no regimento, surpreendeu a mim e aos seus superiores ao me fazer seu ajudante do regimento. Na minha primeira noite, um oficial beduíno do Bani Howeitat me deu um dos nomes tradicionais de sua tribo, Sweillim, e foi dessa forma que passei a ser conhecido por todos.

A esta altura, na minha mente, eu tinha simplificado a liderança em apenas um princípio: *Liderança é exemplo*. Parecia resumir tudo o que sabíamos.

Uma grande influência para eu pensar dessa forma foi Lawrence da Arábia, que estudei desde menino. "Os beduínos são difíceis de conduzir, mas fáceis de liderar", escreveu Lawrence. E acrescentou: "Eles me ensinaram que nenhum homem poderia ser o seu líder, a não ser que ele comesse a comida do posto, usasse suas roupas, vivesse nivelado com eles e, mesmo assim, aparecesse melhor em si mesmo".

Fora de Jerusalém, uma manhã, encontrei-me pela primeira vez com o lendário comandante-chefe da Legião Árabe, Glubb Pasha. Enquanto eu caminhava ao seu lado em um passeio pelos nossos trabalhos defensivos, ele me perguntou sobre mim, e depois acrescentou: "Aqui é muito divertido, não é?"

Muito mais tarde na vida, as palavras casuais de Glubb Pasha voltariam a mim, pois li nelas uma lição sobre liderança. Por diversão, creio que ele se referia a uma atividade que desperta o interesse e a imaginação de cada um, mesmo que possa envolver algum trabalho árduo. Glubb estava compartilhando comigo o que ele experimentou depois de um tempo passado no serviço militar com o exército beduíno.

Como Lawrence da Arábia, Glubb liderou pelo exemplo. Alguns anos mais tarde, depois de termos nos tornado amigos, perguntei-lhe sobre liderança. Na sua carta de resposta, de 12 de junho de 1984, ele sublinhou a importância do exemplo:

O seu tema de liderança é fascinante. Nos postos da polícia do deserto na Jordânia, mandei afixar um aviso em cada forte: "O exemplo é mais forte do que o conselho, por isso guie as pessoas pelos teus próprios atos nobres."

Será que se pode dizer que "faça você mesmo" é um bom lema para os líderes?

Uma vez, recebi indiretamente um atributo que me deu grande prazer. Foi escrito por um dos meus antigos soldados a um terceiro, que me enviou. Dizia (sobre mim): "Ele nunca pediu aos seus homens que fizessem nada que ele mesmo não fizesse."

Na Jordânia, grande parte do deserto estava repleta de pedras de lava de antigos vulcões extintos. Uma tribo nômade local chamada "Ahl al jebel", o povo da montanha, vivia nos campos de lava. Eles faziam uma prática à noite de aventurarem-se na lava, juntando meia dúzia de camelos ou ovelhas, levando-os para uma tribo acampada no deserto de cascalho e correndo para a lava. Eu tinha uma patrulha do deserto composta de beduínos em caminhões Ford, que mantiveram a ordem no deserto aberto, mas nossos caminhões, pensou-se, não podiam operar na lava.

Um dia, com uma patrulha de dez homens em dois caminhões, dirigi até a beira da lava e comecei a tirar os blocos do caminho. Os beduínos, naqueles primeiros tempos, imaginavam-se como guerreiros, mas desprezavam as pessoas que *trabalhavam*, como os felaheen. Teriam ficado indignados se alguém tivesse sugerido que se dedicassem como um trabalhador qualquer.

Então, saí do meu carro e comecei a levantar pedras. Em um minuto, todos os homens estavam comigo levantando pedras, sem eu dizer uma palavra. Nós tínhamos uma trilha de vários metros de comprimento na lava naquele dia, e dentro de uma ou duas semanas havíamos limpado tanto que os xeiques tribais perceberam que seu isolamento estava no fim e vieram nos visitar, beber café e perguntar o que o governo tinha pedido.

Se eu tivesse primeiro organizado os meus homens e lhes dito que íamos limpar trilhos através da lava, eles não teriam ficado nada contentes! Então "faça você mesmo" foi de fato o segredo do sucesso naquele caso em particular.

* * *

Enquanto meus meses de vida na margem leste do monte das Oliveiras se aproximavam do fim, meus pensamentos se voltaram para minha futura carreira. A minha intenção provisória era tornar-me líder no setor britânico da pesca de alto mar, então baseado em Hull e Grimsby. O *princípio liderança é exemplo* me obrigou a provar que podia liderar os pescadores, e não apenas gerir o negócio a partir de um escritório, e para isso tive de me tornar um deles.

Então, no dia seguinte ao fim do meu Serviço Nacional, peguei o trem para Hull. Depois de me qualificar para ser auxiliar de convés no Hull Nautical College, juntei-me à tripulação do *Camilla*, uma traineira a vapor que pesca ao largo da Islândia. Durante um mês, exceto quando navegava entre pesqueiros, trabalhei o meu período de três em três horas, eviscerando a rede de arrasto e empilhando-a no gelo por baixo. Foi na Islândia que aprendi que o desejo de dormir pode superar qualquer outro!

As condições invernais no mar ao norte da Islândia eram terríveis. Os barcos ficaram envoltos em gelo e congelados; dois que estavam próximos de nós viraram e afundaram, com a perda de cinquenta vidas. Pelo menos eu estava compartilhando os perigos e dificuldades dos homens que um dia, no futuro, eu esperava liderar.

Mesmo nessas condições, tão diferentes do mundo militar, testemunhei o poder do exemplo, de liderar a partir da frente.

Não pergunte aos outros

Aos vinte anos de idade, como já referi, trabalhava como marinheiro em um arrastão de pesca de casco. O companheiro encarregado dos ajudantes de convés era um grande valentão com uma ficha nas costas, pois tinha sido um capitão que perdera o posto por incompetência.

Uma tarde, em uma tempestade de inverno perto da Islândia, ele disse a um dos homens para iluminar o mastro e ajustar uma luz de navegação insegura.

— Nem sonhando — disse o homem, olhando para o mastro e as ondas.

— Faz você, Bill — trovejou o companheiro para outro ajudante de convés.

— Eu não — respondeu Bill, dando de ombros. O companheiro começou a gritar e a xingar a todos nós.

Atraído pela comoção no convés, o capitão desceu da ponte.

— O que está havendo? — perguntou ele.

O amigo lhe disse.

— Por que não sobe você? — disse o capitão ao companheiro, olhando-o nos olhos.

Silêncio.

— Certo, eu mesmo vou fazer — falou o capitão, e começou a tirar o sobretudo. Ele realmente faria. Ao mesmo tempo, três ou quatro homens deram um passo à frente e se voluntariaram, pois não tínhamos vontade de perder o nosso navegador ao mar.

Qual era o verdadeiro líder, o companheiro ou o capitão?

2
LIDERANDO À FRENTE

Não é o grito, mas o voo do pato selvagem que leva o bando a voar e a seguir.
PROVÉRBIO CHINÊS

"Pintar um quadro ou escrever um livro", disse o grande artista Henri Matisse, é "sempre melhor se eu passar do simples ao complexo". O foco deste livro é o que os líderes *fazem*: a abordagem de Liderança Centrada na Ação. Agora, se levarmos a sério o ditado de que *a liderança é feita a partir da frente*, é essa simples ação que constitui o nosso ponto de partida. Então vamos tentar entender isso primeiro e depois explorar os aspectos mais complexos.

Por que os líderes vão primeiro desta maneira? A resposta comum é que o fazem para mostrar o caminho, ou seja, para garantir que aqueles que os seguem vão na direção certa. Mas o pensamento de um momento nos diz que os soldados em um campo de batalha sabem em que direção têm que marchar ou correr para enfrentar seu inimigo. Em contextos mais amplos, mostrar o caminho é a função de um *guia* em terra e de um *piloto* no mar. Como não há sinônimos exatos na língua inglesa, procuro em outro lugar para descobrir qual a função que um líder — ao contrário de um guia ou piloto — está desempenhando quando lidera à frente. Estranhamente, a pista está escondida na etimologia do verbo "liderar".

A palavra "liderança" não entrou na língua inglesa até 1820. No entanto, os três elementos constitutivos que compõem a palavra — LEAD. ER.SHIP — remontam ao inglês antigo, à língua dos anglos-saxões e às línguas afins do norte da Europa. É por isso que hoje há a palavra inglesa "leader", por exemplo, em alemão (leiter), neerlandês (leider) e norueguês (leder).

* * *

O primeiro elemento de liderança — LEAD — significa uma via, caminho, linha ou rumo de um navio no mar. É uma palavra de viagem. Na sua forma verbal simples, *liderar* significava "ir" ou "viajar". Mas, em inglês antigo, essa forma direta do verbo está faltando. O que temos é apenas a forma causal do verbo. Assim, liderar (*lædan*) em inglês significa unicamente *fazer com* que alguém ou alguma coisa avance ou faça uma viagem.

Como você faz com que pessoas, que são ao mesmo tempo livres e iguais, avancem desta forma? Pelo simples ato de liderá-los à frente. Ou, como Glubb Pasha disse no último capítulo, "Faça você mesmo".

Mas por que isso funciona? Para encontrar a resposta — ou pelo menos ter uma pista — temos de nos voltar para o mundo natural. Nas regiões ao redor do Mediterrâneo, a imagem de um pastor conduzindo seu rebanho de ovelhas na frente do pasto ainda é uma visão comum. É um fato que as ovelhas são relativamente fáceis de conduzir pela frente, mas são difíceis de conduzir sem que se espalhem pela retaguarda. Os pastores do norte da Grécia de hoje, tal como os seus antigos homólogos, têm cães para ajudá-los a proteger os rebanhos contra os lobos. Cães de pastoreio, no entanto, que são criados e treinados para reunir as ovelhas e empurrá-las pela retaguarda aos sinais do pastor, são um fenômeno relativamente moderno.

O mesmo efeito causal, podemos supor, foi observado entre as pessoas. Quando um guerreiro tribal avançava primeiro, outros seguiam. Se o fizesse mais de uma vez, acabaria se tornando conhecido como um líder (pois o sufixo -ER em inglês indica alguém que faz algo mais de uma vez, como o carpinteiro — CARPENTER — ou dançarino — DANCER).

Quando os Estados-nação começaram a se formar no Oriente Próximo, alguns desses líderes-guerreiros foram escolhidos — ou se apresentaram — para serem reis. Saul, na terra ocupada pelas doze tribos hebraicas, é um exemplo; e os reis escolhidos pelos espartanos é outro. A função principal e mais simples de tais reis era liderar o exército da nação na batalha — à frente.

De fato, o primeiro exemplo de escrita conhecido da história — palavras gravadas em um fragmento de cerâmica suméria encontrado perto da Babilônia e datado de cerca de 4.500 a.C. — estabelece uma ligação direta entre a função causal de um pastor e a de um rei, na forma de um provérbio: *Soldados sem rei são como ovelhas sem pastor.*

Para além desse provérbio, é justo dizer que as antigas civilizações do Mediterrâneo são silenciosas sobre o tema da liderança. Existe, no entanto, uma grande exceção: Atenas, na época de Sócrates (469-399 a.C.).

* * *

Os antigos gregos eram um povo guerreiro por origem. Homero, seu grande poeta do século VIII a.C., expressou o espírito heroico grego na *Ilíada*, seu poema épico da longa guerra contra Tróia:

Todos os terríveis olharam para a face de ferro da guerra,
Mas tocou com alegria os seios dos bravos.

Mesmo no auge cultural de Atenas no século V a.C., as cidades gregas passaram uma quantidade excessiva de tempo lutando entre si ou em guerra com um inimigo em comum, seu vizinho, o Grande Império Persa. O próprio Sócrates participou de três campanhas como hoplita, como eram chamados os soldados fortemente armados. Normalmente os hoplitas lutavam em uma falange, um corpo compacto de soldados em ordem de batalha.

Xenofonte (pronunciado em inglês como Zenofonte), filho de Gryllus, membro da aristocracia e de uma família rica, atuou como comandante de cavalaria desde tenra idade. Em 401 a.C., se opondo ao conselho de Sócrates, juntou-se a um exército de mercenários gregos contratados por um príncipe persa, Ciro, o jovem. A verdadeira razão para o seu serviço ao exército grego — conhecido na história como os "Dez Mil" — só foi descoberta quando chegaram às proximidades da Babilônia: foi para permitir que Ciro tomasse o trono persa. Mas, embora o mercenários gregos tenham lutado corajosamente em uma batalha decisiva com o incumbente (que também tinha um contingente grego em seu exército), Ciro perdeu a batalha e a vida.

Confrontados com uma dura escolha entre a morte ou a escravidão, os oficiais gregos — de comum acordo com o mais antigo dos seus seis generais, um espartano chamado Clearco — dirigiram o seu exército 900 milhas a norte, através do país inimigo, até o Mar Negro, à liberdade. Não muito depois de partirem para esta marcha épica, os persas convidaram os seis generais gregos para uma reunião — e no fim da festa, mataram todos à espada. Agora a vantagem da democracia se mostrava para os demais oficiais gregos. Longe de se espalharem como ovelhas assustadas, reuniram-se em assembleia e elegeram seis generais para ocupar seus lugares. Xenofonte, então com 26 anos, foi um dos escolhidos. O *Anabasis* (literalmente o "subir") é o relato de Xenofonte sobre tal expedição e seu retorno à segurança. A propósito, T. E. Lawrence modelou *Os Sete Pilares da Sabedoria*, seu épico relato da Revolta Árabe na Primeira Guerra Mundial, sobre o *Anabase*. Como Xenofonte, ele ampliou o seu próprio papel de ser, de fato, o comandante-chefe. Em nenhum dos dois homens a modéstia era um ponto forte.

Imagine-se em uma encosta pedregosa, queimando sob o sol, na margem sul do Curdistão (nas fronteiras do que hoje é o Iraque e a Turquia) vendo esta cena se desenrolar à sua frente: é por volta do meio-dia; o céu está azul claro, exceto por uma linha de nuvens brancas quase imóvel acima de uma cordilheira distante. Marchando por estas colinas vem a guarda avançada dos Dez Mil. O sol quente brilha e reflete nas suas lanças, capacetes e couraças. Eles estão correndo, ansiosos para alcançar a segurança das montanhas, a fim de se livrarem da cavalaria persa presa aos seus calcanhares. Mas primeiro têm de cortar o caminho através dos Carduci, a tribo guerreira da região. Do outro lado da passagem, você pode ver um forte contingente dessa tribo já ocupando as alturas mais baixas de uma colina íngreme que margeia a estrada. A guarda avançada grega também os avista, e hesita. Depois de algumas deliberações apressadas, você pode ver um mensageiro correndo de volta. Poucos minutos depois, um cavaleiro, Xenofonte, galopa até o comandante da guarda avançada, um capitão espartano experiente chamado Chirisophus. Xenofonte diz que não levantou a questão do reforço das tropas armadas com armas leves que tinham sido urgentemente solicitadas porque a retaguarda — ainda sob ataque constante — não podia ser enfraquecida. Então ele estuda cuidadosamente o terreno. Notando que os Carduci negligenciaram ocupar o topo da colina, ele coloca este plano ao seu colega espartano:

— A melhor coisa a fazer, Chirisophus, é avançarmos para o cume o mais rapidamente possível. Se conseguirmos ocupá-lo, aqueles que comandam a nossa estrada não conseguirão manter sua posição. Se quiseres, fique aqui com o corpo principal. Eu me voluntario para ir em frente. Ou, se preferires, marchas na montanha e eu fico aqui.

— Eu te darei a escolha — responde Chirisophus — de fazer o que quiseres.

Seria uma tarefa física árdua, apontou Xenofonte, e tacitamente diz que, sendo o homem mais jovem, seria o melhor a empreender isso.

Tendo escolhido cerca de quatrocentas escaramuças, armados com alvos e dardos leves, juntamente com cem hoplitas escolhidos à mão pela guarda avançada, ele os marchou o mais rápido que pôde para o cume. Mas, quando os inimigos veem o que os gregos estão fazendo, eles também começam a ir para a terra alta o mais rápido que podem.

> Em seguida, houve muitos gritos do exército grego aplaudindo seus homens de um lado e do povo de Tissafernes aplaudindo seus homens do outro. Xenofonte cavalgou ao longo das fileiras, encorajando-os.
> — Soldados — disse —, considerem que é pela Grécia que estão lutando agora, que estão lutando pelo teu caminho até teus filhos e às tuas mulheres, e que, com um pouco de trabalho árduo agora, continuaremos o resto do nosso caminho sem oposição.
> Soteridas, um homem de Sicyion, responde:
> — Não estamos no mesmo nível, Xenofonte. Estás a cavalo, enquanto eu estou a me desgastar com um escudo para carregar.

Como comandante, Xenofonte tinha várias opções à sua disposição. Ele podia ter ignorado o homem. Podia tê-lo ameaçado. Poderia ter mandado prendê-lo e castigá-lo mais tarde. Mas não optou por nenhum destes caminhos. Escrevendo sobre si mesmo na terceira pessoa, ele nos contou o que aconteceu a seguir:

> Quando Xenofonte ouviu isto, saltou do cavalo, empurrou Soteridas para fora das fileiras, tirou-lhe o seu escudo e avançou a pé o mais rápido que pôde, carregando o escudo. Ele estava usando um peitoral de cavalaria, de modo que era pesado para ele. Continuou incentivando os que estavam na frente a seguir adiante e os que estavam atrás a se juntarem a eles, apesar das dificuldades para manter o ritmo. Os outros soldados, no entanto, atingiram Soteridas, atiraram-lhe pedras e amaldiçoaram-no, até que o obrigaram a recuperar o seu escudo e continuar a marchar. Xenofonte, então remontado, como a corrida fora boa, liderou o caminho a cavalo. Quando se tornou impossível montar, ele deixou o

seu cavalo para trás e correu em frente a pé. E assim chegaram ao cume antes do inimigo.

Note que foram os outros soldados que fizeram Soteridas recuperar o escudo. Xenofonte, carregado com uma pesada couraça de cavalaria, acabou por ficar para trás das fileiras conforme o exército corria para cima da colina, mas incentivou os homens adiante e os incentivou a manter a sua ordem de batalha. Eventualmente, ele voltou a montar e conduziu os soldados à frente, primeiro a cavalo e depois, novamente a pé.

Quando os gregos ganharam o cume, os Carduci viraram-se e fugiram em todas as direções. A cavalaria persa de Tissafernes, que tinha sido espectadora distante da disputa, também se conteve e se retirou. Eventualmente, no verão do ano seguinte, o exército atingiu a segurança do Helesponto, os estreitos que dividem a Europa da Ásia. Eles deviam muito a Xenofonte que, não muito tempo depois, tornou-se o único comandante dos Dez Mil.

Xenofonte parece ter aprendido uma lição com a escaramuça dos Carduci. Mais tarde, ao levar seus homens a atacar um inimigo na Trácia, ele desmontou, explicando a um colega, surpreso, que "os hoplitas vão correr mais depressa e com mais alegria se eu os levar a pé".

* * *

Avançando rapidamente para a história da Inglaterra, encontramos o mesmo fenômeno: é o ato de liderar à frente que faz com que os homens sigam um líder voluntariamente. O movimento causado pelo comando por cima ou por trás, apoiado pela ameaça de um castigo draconiano por desobediência, simplesmente não tem o mesmo poder mágico.

No fim da peça de Shakespeare, *Macbeth*, os generais ainda leais ao "tirano confiante" estão discutindo a total falta de liderança de seu mestre. A consequência mais perigosa que um deles, Angus, declara é que na batalha:

*O seu exército move-se apenas por comando,
Não faz nada por amor.*

Portanto, Angus conclui, de fato, que a batalha final para assegurar o seu trono adquirido ilicitamente já está perdida. Em contraste, em *Henrique V,* Shakespeare retrata um líder ideal — um com todas as "graças do rei" — que conduz o seu exército à frente para a grande vitória em Azincourt.

Aliás, Shakespeare põe na boca do rei Henrique alguns discursos longos e inspiradores antes do cerco de Harfleur — "Mais uma vez, para a brecha, queridos amigos, mais uma vez" — e novamente antes de Azincourt: "Somos poucos, somos poucos felizes, somos um bando de irmãos." Mas, de acordo com um cronista contemporâneo — muito possivelmente uma testemunha ocular —, o que Henrique realmente disse ao conduzir os seus homens em direção ao exército francês, muito maior, foi "Vamos lá, rapazes". Verdadeiros líderes são sempre fortes na ação e geralmente muito econômicos com palavras. Mas eles não têm um teatro para encher!

* * *

O que agora está claro é a verdade do versículo de Eurípedes: "Dez soldados sabiamente liderados baterão em cem soldados sem cabeça." Portanto, exércitos sábios promovem uma cultura onde os oficiais são esperados por seus soldados para conduzi-los à frente, e os oficiais podem ter total confiança de que, se o fizerem, os homens os seguirão.

Por volta do século xviii, o exército inglês, os casacas vermelhas, exibiu aquele contrato não escrito — um contrato de expectativas mútuas, como se entre iguais — entre oficiais e os soldados. Em um artigo intitulado "A bravura do soldado inglês", publicado em um jornal mensal chamado *The Idler*, em 1760, o dr. Samuel Johnson refletiu sobre este contrato invisível, mas muito real:

Por aqueles que compararam o gênio militar dos ingleses com o da nação francesa, observa-se que "os oficiais franceses liderarão sempre, se os soldados seguirem"; e que "os soldados ingleses seguirão sempre, se os seus oficiais liderarem".

Em todas as frases apontadas, alguns graus de precisão devem ser sacrificados à concisão; e, nesta comparação, nossos oficiais parecem perder o que nossos soldados ganham. Não conheço nenhuma razão para supor que os oficiais ingleses estão menos dispostos do que os franceses a liderar; mas penso que é universalmente entendido que os soldados ingleses estejam mais dispostos a segui-los.

Nossa nação pode se gabar, mais do que qualquer outro povo do mundo, de uma espécie de bravura epidêmica, difundida igualmente por todas as suas fileiras. Podemos mostrar um campesinato de heróis, e encher nossos exércitos de palhaços, cuja coragem pode rivalizar com a de seu general.

Por vezes, os soldados ingleses podiam ser muito francos com os oficiais que suspeitavam estar fugindo ao seu papel de liderança à frente de combate. Um soldado do exército de Wellington, durante a Guerra Peninsular, por exemplo, escreveu nas suas memórias: "Os nossos homens dividiram os oficiais em classes — os 'vamos' e os 'vão vocês'", pois, como Tom Plunkett disse uma vez a um oficial: "As palavras 'vão vocês' não são próprias de um líder, senhor". Plunkett estava absolutamente certo.

Tanto em terra quanto no mar, soldados e marinheiros — como as suas memórias muitas vezes revelam — escrutinaram cuidadosamente os seus oficiais, em seu conhecimento e experiência profissionais e em suas qualidades de liderança. Este tipo de controle para cima, evidentemente, não se limita às forças armadas. Mesmo na escola, se você se lembrar, era possível saber em poucos dias exatamente até onde se poderia ir com um determinado professor.

* * *

Levar os soldados pela frente para fazer uma viagem altamente perigosa e arriscada, muitas vezes com um inimigo à espera, pode ser impactante, mas também pode ser uma sentença de morte para o líder. A razão para isto ser assim é indicada por um provérbio que dizem que Jesus citou (Mateus 26:31): *Ataquem o pastor e as ovelhas do rebanho se dispersarão*. Se uma força inimiga está avançando em sua direção, é instintivo atirar nos líderes — aqueles que estão na frente — primeiro: não apenas porque eles são os primeiros a entrar no raio de alcance, mas porque, ao derrubá-los, pode se fazer com que os seguidores renunciem, percam sua ordem e venham a fugir.

Mesmo nos tempos antigos, liderar à frente era extremamente perigoso. A pesquisa mostra que nenhum líder de falange grega no lado perdedor de uma batalha sobreviveu. Com a introdução da metralhadora na Primeira Guerra Mundial — havia mais de dez milhões dessas armas mortais em serviço — o número de mortes de oficiais de regimento foi terrível. Na Segunda Guerra Mundial, quando, como chefe do Estado-Maior, o marechal de campo Alanbrooke teve grande dificuldade em encontrar generais com as qualidades necessárias de liderança a esse nível, atribuiu a culpa à Primeira Guerra Mundial. No seu diário privado, escreveu: "Os que tinham caído eram os líderes nascidos dos homens, no comando de companhias e batalhões. Foi sempre o melhor que caiu ao assumir a liderança."

Mesmo antes do fim da Primeira Guerra, o exército alemão, e tardiamente o exército britânico, começaram a desenvolver novas táticas que não transformassem seus oficiais em alvo para as metralhadoras. Mas essas expectativas de posto, tão arraigadas e mortíferas, não são tão facilmente erradicadas. O professor sir Michael Howard, eminente historiador militar, recorda a sua descoberta sobre este fato, enquanto servia como comandante de pelotão recém-chegado na Guarda Coldstream em Salerno, durante a Segunda Guerra Mundial. Ele recebeu um comando para participar de um ataque à luz do dia em uma colina fortemente defendida, um episódio que descreve em sua autobiografia:

Quando dei as ordens à seção principal, o sargento respondeu surpreso: "Não vai nos liderar, senhor?". O olhar de desprezo que ele me deu quando eu disse que não iria é algo que nunca vou esquecer. Os outros comandantes de pelotão lideraram. Todos foram mortos ou gravemente feridos.

* * *

Sobre o exposto acima, levantei uma questão fundamental: até que ponto a liderança, tal como se manifesta em contextos militares, é transferível para outros domínios ou campos?

O que é claramente intransmissível é a forma específica de comando militar; a razão de ser dessa prática reside nas condições antinaturais da guerra. (Embora na língua inglesa o termo "comandante" tenha sido há tempos sinônimo de "líder", está agora restringido a um título para as forças armadas e certos serviços de emergência uniformizados, como a polícia.)

Se tomarmos *a liderança à frente* (no sentido físico ou literal) como uma forma particular de *liderança pelo exemplo*, então a porta da transferibilidade está bem aberta, pois há mil maneiras de liderar pelo exemplo. E, a propósito, existem mil maneiras de não liderar pelo exemplo! Considere os pastores como um caso exemplar.

"É certo", escreveu Shakespeare em *Henrique IV*, Parte Dois, "que o sábio ou o ignorante são capturados à medida que os homens adoecem, portanto deixem os homens cuidarem da sua companhia". No Ocidente, não menos do que no Oriente ou nas sociedades tribais, o poder do exemplo moral — ou imoral — sempre foi bem compreendido. Na cristandade, o fracasso dos líderes espirituais em liderar à frente, pelo bom exemplo, sempre perturbou as melhores mentes. Como Shakespeare disse,

Não faça como alguns pastores ingratos,
Que mostram-nos o caminho íngreme e espinhoso para o céu,
Enquanto seguem o caminho do delírio
E não a seu próprio conselho.

* * *

"Encontraremos de novo e de novo", escreve C. S. Lewis em *Studies in Words* (1960), "os primeiros sentidos de uma palavra florescente durante séculos, apesar de um vasto crescimento dos sentidos posteriores que se pode esperar que os matem".

A *liderança à frente* é um exemplo disso. Seu sentido mais antigo está conosco hoje. Mesmo no campo militar, onde as ocasiões para literalmente liderar soldados à frente para a batalha são agora muito menos comuns, é ainda uma frase muito potente. E serve como um ponto de referência concreto e visual, uma espécie de âncora escondida sob todos os nossos usos metafóricos de termos como "de liderança", "líder" e "liderança".

* * *

Um sobrevivente arcaico, no entanto, da metáfora original é a palavra "seguidor" [FOLLOWER]. É uma palavra fossilizada, pois se aplicava àqueles que seguiam um líder em uma jornada literal, assim como as ovelhas seguem um pastor. Retire essa jornada literal e o termo "seguidor" tem de ser tratado como uma metáfora, nada mais.

Infelizmente, a língua inglesa não tem um nome de substituição bem definido que denote aqueles que trabalham em equipe com líderes. Portanto, até certo ponto, ainda estamos sobrecarregados com o esquema líderes-seguidores em geral, comparável a médicos-pacientes ou professores-estudantes, advogados-clientes ou vendedores-compradores. Mas esse esquema carrega algumas conotações erradas para o mundo de hoje. Aqui estão as minhas razões para esse julgamento.

Em inglês, "apoiador" é o termo geral para aquele que se alia à uma causa ou demonstra lealdade ao seu líder. O "seguidor" e o "discípulo" estão relacionados porque enfatizam devoção a um líder em vez de uma doutrina ou causa. Um *seguidor* desempenha um papel mais passivo do que um *apoiador* ou um *discípulo*. Um discípulo é aquele que estuda com um líder ou professor de grande influência e põe em prática o que aprendeu, talvez até o ponto do proselitismo.

Apenas para completar o quadro, um *adepto* coloca ênfase no apoio das doutrinas em vez do próprio líder. É assim que falamos de Lênin como tendo sido um *adepto* do marxismo, não um *adepto* do próprio Marx.

Note o tom ou conotação de passividade na noção de ser um *seguidor*: a palavra sugere não muito mais do que imitar a pessoa na frente dela, não muito diferente do jogo infantil "o mestre mandou", em que cada jogador deve exatamente imitar as ações do líder ou pagar uma prenda.

Além do sentido implícito de passividade ovina, "seguidor" também tem — pelo menos no uso moderno — uma conotação potencialmente mais perigosa, pois é o termo inclusivo para alguém que se apega à pessoa ou opinião de outra. Esse vínculo pode resultar de uma escolha ou de uma condenação por razões racionais. Igualmente, no entanto, pode ser uma forma pouco saudável de apego, onde um líder carismático como Adolf Hitler exige lealdade total a ele, estando certo ou errado. Mesmo nos casos em que o carisma malévolo não está envolvido, alguns dos sinônimos de "seguidor", tais como "partidário", "capanga" ou "satélite", designam uma pessoa em quem a devoção pessoal ofusca ou eclipsa as suas faculdades críticas. Nenhum verdadeiro líder exige lealdade pessoal de direito ou à custa de todas as outras considerações.

Em 1928, o termo "seguidor" fez a sua primeira aparição nos dicionários americanos, onde foi definido como "quem tem a capacidade ou vontade de seguir um líder". Nos últimos anos, tem havido tentativas de dar mais substância ao termo, de o construir como um contrapeso, por assim dizer, à liderança. Mas, como "seguidor" é na verdade um termo arcaico, esses esforços são como tentar encher um balão vazio.

O sufixo "-ship" aqui não denota nem um único papel genérico (como em liderança) nem uma coleção de habilidades genéricas (como em artesanato).[1]

No entanto, continua a existir uma verdade fundamental que os defensores do "seguir" têm razão em enfatizar: sabe-se que ocupar um papel subalterno em um grupo de trabalho ou em uma organização nunca tira ou corrói a responsabilidade moral de uma pessoa como cidadão. Se algum líder — em qualquer nível — ultrapassar o marco no sentido moral, os membros de tal organismo devem recusar-se a seguir os seus passos e, além disso, chamá-lo à responsabilidade, pois é a essência da democracia que, enquanto pessoas livres e iguais, os líderes precisam, em última instância, responder ao povo.

Por enquanto, infelizmente, nós não temos um termo inclusivo para nos conectarmos com o "líder" na relação de papel genérico, então continuaremos a usar o "seguir" ou "seguidores". Adaptarei um velho provérbio: "Não há maus seguidores, apenas maus líderes". Isto é verdadeiro até certo ponto, mas ainda não tão verdadeiro quanto afirmar que "Não há maus líderes, apenas maus seguidores".

Montgomery disse-me uma vez o seu segredo como líder: "Fiz dos meus soldados meus parceiros na batalha." Não é isso que todos os verdadeiros líderes pretendem fazer? Eles querem iguais, não seguidores ou subordinados, e vêem o seu papel como sendo o que os romanos chamavam de *primus inter pares*: "o primeiro entre iguais". E a devoção que eles solicitam é por uma causa comum, não por si mesmos como indivíduos. Banesh Hoffman escreveu sobre sua experiência como colega de Albert Einstein: "Se você trabalhou com ele, ele o conscientizou de um inimigo comum — o problema. E você se tornou o parceiro dele na batalha."

---

1. No original, em inglês, as palavras mencionadas são "leadership" e "craftsmanship", em oposição à "followership", traduzido aqui como "seguidor". (N. do E.)

3
Partilhar perigos e dificuldades

Eu, porém, estou entre vós como quem serve.

JESUS DE NAZARÉ

A natureza da razão para liderar as pessoas à frente é, tanto quanto sei, universal. Como seres sociais somos, em maior ou menor grau, submissos: propensos a ser conduzidos. Mas essa propensão é muito fortalecida se houver respeito e admiração, embora não necessariamente amor, pela pessoa que está no papel de líder. Em outras palavras: a personalidade ou caráter de um líder, conforme expresso em suas atitudes e comportamento, tem um papel importante a desempenhar na disposição dos outros para seguir.

Xenofonte nos dá esboços de caráter de dois dos seis generais no cargo quando ele se juntou aos Dez Mil na Babilônia. Ele demonstra claramente como as qualidades pessoais influenciam a eficácia da liderança e do comando.

Proximuso, o Beócio, tinha convidado Xenofonte para se juntar a ele na expedição persa, então eles eram provavelmente amigos. Proximus era um jovem muito ambicioso e tinha gasto muito dinheiro para ser educado por um famoso professor chamado Gorgias de Leontini. "Depois de ter estado com ele durante algum tempo", escreveu Xenofonte, "chegou à conclusão de que era agora capaz de comandar um exército e, se se tornara amigo dos grandes, de lhes fazer nada menos do que o bem que eles lhe fizeram; assim, juntou-se a esta aventura planejada por Ciro, imaginando que ganharia com ela um grande nome, um grande poder e muito dinheiro". Proximus, no entanto, gostava de ser apreciado, o que o levou — como aconteceu com muitos líderes posteriores — aos erros de parecer suave e de buscar popularidade por sua própria causa:

> Ele era um bom comandante para as pessoas de um tipo cavalheiro, mas não era capaz de impressionar seus soldados com um sentimento de respeito ou medo por ele. Na verdade, ele mostrou mais desconfiança na frente de seus soldados do que seus subordinados mostraram na frente dele, e era óbvio que ele tinha mais medo de ser impopular com suas tropas do que suas tropas tinham medo de desobedecer às suas ordens. Ele imaginou que, para ser um bom general, e para ganhar o nome de um, só bastava dar louvor aos que faziam bem e escondê-lo dos que o faziam mal. O resultado foi que as pessoas decentes em sua comitiva gostavam dele, mas pessoas sem princípios minaram sua posição, pois achavam que ele era facilmente administrável. Na época da sua morte, ele tinha cerca de trinta anos.

Por outro lado, Clearco, o veterano general espartano (aos cinquenta anos) que salvou o dia seguinte à Batalha de Cunaxa, nunca poderia ser acusado de querer ser apreciado. Na verdade, ele parecia ir longe demais na direção oposta. Como Xenofonte observou, Clearco nunca conquistou os corações dos homens, e não tinha seguidores que estivessem lá por causa da amizade ou de sentimentos positivos para com ele. Xenofonte continua:

Ele tinha uma habilidade excepcional para planejar os meios pelos quais um exército poderia obter suprimentos, e fazendo com que aparecessem; e ele também era bem capaz de imprimir naqueles que estavam com ele que Clearco era um homem a ser obedecido. Alcançou este resultado pela sua dureza. Ele tinha uma aparência proibitiva e uma voz dura. Seus castigos eram severos e às vezes eram infligidos com raiva, de modo que houve momentos em que ele se arrependeu do que havia feito. Com ele, a punição era uma questão de princípio, pois pensava que um exército sem disciplina não servia para nada; na verdade, é relatado que ele disse que um soldado deveria ter mais medo de seu próprio comandante do que do inimigo, se quisesse se tornar um que poderia manter uma boa guarda, abster-se de fazer mal ao seu próprio lado ou ir para a batalha sem segundas intenções.

Acontece que, em posições difíceis, os soldados lhe davam total confiança e não desejavam ninguém melhor. [...] Por outro lado, quando o perigo acabava e havia a possibilidade de partir para o serviço de outra pessoa, muitos deles o abandonavam, pois ele era invariavelmente duro e selvagem, de modo que as relações entre os soldados e ele eram como as dos alunos e um mestre de escola.

Sem dúvida, Xenofonte resolveu em sua mente encontrar o meio-termo dos sonhos: a média de liderança e comando entre os extremos de Proximus e Clearco.

* * *

O que também se destaca claramente dos escritos de Xenofonte é que os líderes que compartilham os perigos, dificuldades e trabalhos de seus homens são mais propensos a conquistar seus corações e mentes.

Novamente, estamos aqui no reino da verdade universal: nem antigo nem moderno, nem ocidental nem oriental. Tome este breve relato de Hsun Tzu, o Mestre Hsun, um dos grandes filósofos confucionistas.

Escrevendo em cerca de 200 a.c., ele nos dá este relato vívido do que significa para um líder militar compartilhar dificuldades e perigos:

> Nos tempos antigos, os bons generais estavam sempre na vanguarda. Eles não montavam toldos no calor e não usavam couro no frio; assim, experimentavam o mesmo calor e frio que seus soldados.
>
> Eles não cavalgavam em terrenos acidentados, sempre desmontando ao escalar colinas; assim, experimentavam o mesmo trabalho que os seus soldados.
>
> Eles só comeriam depois que a comida tivesse sido cozida para as tropas, e beberiam apenas depois que a água tivesse sido retirada para as tropas; assim, experimentavam a mesma fome e sede que os seus soldados.
>
> Na batalha, eles ficariam dentro do alcance do fogo inimigo; assim, experimentavam os mesmos perigos que seus soldados.
>
> Assim, nas suas operações militares, os bons generais usam sempre a gratidão acumulada para atacar a amargura acumulada. E o amor acumulado para atacar o ódio acumulado. Por que é que eles não ganhariam?
>
> Aqueles que estão próximos não irão esconder a sua capacidade, e aqueles que estão distantes não irão resmungar ao seu trabalho. [...] Isso é o que significa ser um líder e professor de homens.

Da mesma forma, as legiões romanas valorizavam um general que não se ausentava de suas tarefas, provações e tribulações. O biógrafo e filósofo grego Plutarco, escrevendo no início do século ii d.C., comenta que um comandante assim conquistava o afeto dos soldados ao mostrar que podia viver tão duramente quanto eles e suportar da mesma maneira.

> Na verdade, parece ser geralmente o caso que os nossos trabalhos são facilitados quando alguém sai do seu caminho para partilhá-los conosco; tem o efeito de fazer com que o trabalho não pareça tão difícil. E o que um soldado romano mais gosta de ver é o seu general comer a sua ração de pão como o resto, ou dormir em uma cama comum, ou juntar-se

ao trabalho de cavar uma trincheira ou levantar uma paliçada. Os comandantes admirados não são tanto aqueles que distribuem honras e riquezas, mas aqueles que participam das dificuldades e perigos; eles têm mais afeição por aqueles que estão dispostos a participar de seu trabalho do que por aqueles que os permitem ser ociosos.

Além de sua generosidade aberta com as recompensas da vitória — uma característica que os líderes tribais britânicos de guerra reconheceriam —, Júlio César certamente liderou pelo exemplo. Não havia perigo que ele não estivesse disposto a enfrentar, nem nenhuma forma de trabalho árduo da qual ele se desculpasse. Como Alexandre, seu grande exemplo, César tinha uma paixão pela distinção que lhe permitia superar as desvantagens de um físico magro, e uma tendência à enxaqueca e aos ataques epilépticos. "No entanto, longe de fazer da sua pobre saúde uma desculpa para viver uma vida fácil", continuou Plutarco, "ele usou a guerra como um tônico para a sua saúde. Por longas e duras viagens, dieta simples, noites após noites ao ar livre e uma vida difícil, ele lutou contra a sua doença e tornou o seu corpo forte o suficiente para fazer frente a tudo".

Sob o olhar de César, as legiões romanas tornaram-se "um exército invencível e inconquistável". A própria presença de César parecia transformar legionários profissionais comuns em homens de extraordinário valor. "Os soldados que, noutras campanhas, não se tinham mostrado melhores do que a média", escreveu Plutarco, "tornaram-se irresistíveis, invencíveis e prontos para enfrentar qualquer perigo".

* * *

Em todas estas instâncias militares podemos ver que um líder que dá o exemplo, que partilha a tarefa botando a mão na massa, ao mesmo tempo que dirige outros e os encoraja com palavras e exemplos, vai ter uma influência positiva nos seus soldados. Mas esta combinação funciona com civis? Xenofonte não nos deixa dúvidas.

Quando Xenofonte não estava em campanha, ele exerceu liderança entre os trabalhadores rurais em sua propriedade (um presente dos espartanos) e acrescentou aos seus escritos prolíficos. Voltou ao tema da liderança em seu livro mais influente, o Ciropédia. Em séculos posteriores, este tornou-se o livro didático sobre liderança para muitos dos grandes líderes de Roma. Como o estranho título sugere, Ciropédia é um diálogo filosófico sobre a educação de Ciro, o Grande, que de fato pouco mais fez do que emprestar seu nome a um rei ideal que governa um estado ideal.

Nele, Xenofonte defendeu que um líder deve demonstrar que no verão pode suportar o calor, e no inverno o frio; e ele deve mostrar que em tempos difíceis pode suportar as dificuldades, bem como, se não melhor que, seus homens. Além disso, um líder deve celebrar junto se algum bem cair sobre eles e simpatizar com eles se algum mal os acontecer, mostrando-se ansioso para ajudar em momentos de estresse. "É nestes aspectos que deves andar de mãos dadas com eles", escreveu Xenofonte. "Tudo isto contribui para que o líder seja amado por seus homens." Xenofonte acrescentou a observação interessante de que era realmente mais fácil para o líder suportar o calor e o frio, a fome e a sede, o desejo e a privação, do que seus seguidores. A posição do general, e a própria consciência de que nada do que ele faz escapa ao aviso, alivia o fardo para ele.

O mesmo princípio defendido por Xenofonte se aplicaria a todas as áreas do trabalho humano, simplesmente porque os homens e as suas necessidades são as mesmas. Em outro dos livros que ele escreveu em suas propriedades em Scillus, o *Oeconomicus*, o livro de gestão de propriedades, ele colocou essa visão distintiva com estilo característico e vigor convincente. Refletiu a sua própria experiência gerindo estas propriedades à sombra do Monte Olimpo. Muito do livro é sobre agricultura e organização dos estados. Mas Xenofonte insistiu com seus leitores sobre a importância da liderança em grandes propriedades rurais. "Ninguém pode ser um bom agricultor", disse ele, a menos que torne seus trabalhadores ávidos e obedientes; e o capitão que conduz os homens contra um inimigo deve se esforçar para garantir os mesmos resultados, recompensando aqueles que agem como homens corajosos devem agir e punindo os desobedientes. E não é menos necessário um fazendeiro encorajar seus trabalhadores com frequência do que um general encorajar seus homens. E os escravos precisam do estímulo das boas esperanças, não menos, não, mais ainda do que os homens livres, para torná-los firmes.

Esta capacidade de liderança geral, tão relevante para a agricultura quanto para a política ou a guerra estava frequentemente ausente, observou ele, naqueles que ocupavam cargos de autoridade. Xenofonte instanciou os navios de guerra gregos de seu tempo, que, é preciso lembrar, foram remados por homens livres e não por escravos.

Em um homem de guerra, quando o navio está em alto mar e os remadores devem trabalhar o dia todo para chegar ao porto, alguns remadores podem dizer e fazer a coisa certa para afiar os espíritos dos homens e fazê-los trabalhar com vontade. Outros contramestres são tão ininteligentes que levam mais do que o dobro do tempo para terminar a mesma viagem. Aqui eles atracam banhados em suor, com parabéns mútuos, remadores e marinheiros. Ali chegam com a pele seca; odeiam o seu capitão e ele os odeia.

A mente de Xenofonte se voltou para os generais que ele tinha conhecido, que também difeririam muito um do outro a este respeito.

Para alguns, os homens não estão dispostos a trabalhar e a correr riscos, relutantes em obedecer, a não ser por obrigação e, na verdade, orgulhosos de desafiar o seu comandante: sim, e eles os fazem por não ter nenhum sentimento de desonra quando algo vergonhoso ocorre. Contraste com o gênio, o líder corajoso e hábil: deixe-o assumir o comando dessas mesmas tropas, ou de outras, se você quiser. Que efeito terá sobre eles?

Têm vergonha de fazer um ato vergonhoso, acham que é melhor obedecer e se orgulham da obediência, trabalhando alegremente, todos os homens, juntos, quando é necessário trabalhar. Assim como o amor ao trabalho pode surgir na mente de um soldado privado aqui e ali, todo um exército sob a influência de um bom líder é inspirado pelo amor ao trabalho e ambição de distinguir-se sob o olhar do comandante. Se este for o sentimento dos recrutas pelo seu comandante, então ele é o melhor líder — não é uma questão de ser melhor com arco e flecha, nem de andar no melhor cavalo e ser o principal em perigo ou de ser o guerreiro montado perfeito, mas de ser capaz de fazer seus soldados sentirem que eles devem segui-lo através do fogo e em qualquer aventura.

"Assim, também nas indústrias privadas", prosseguiu Xenofonte, "o homem com autoridade — oficial de justiça ou gerente — que pode tornar os trabalhadores ávidos, diligentes e perseverantes é o homem que dá um impulso ao negócio e aumenta os lucros".

* * *

Para Xenofonte, este tipo de liderança é simplesmente "a melhor coisa em todas as operações que fazem qualquer exigência sobre o trabalho dos homens". Se os líderes são feitos no sentido de que podem adquirir a autoridade do conhecimento, eles nascem no que diz respeito à capacidade de inspirar? É tentador concluir que sim. A capacidade de dar às pessoas a força intelectual e moral para se aventurarem ou perseverarem na presença de perigo, medo ou dificuldade não é o dom comum de todos os homens e mulheres. Xenofonte, no entanto, acreditava que poderia ser adquirido através da educação, embora não "à vista ou em uma única reunião". Ele não era específico sobre o conteúdo ou os métodos de tal educação para a liderança, mas a discussão socrática deve ter sido uma das suas vertentes.

Como Xenofonte deixou subentendido, algum grau de potencial liderança tem que estar lá em primeiro lugar. Muitas pessoas possuem-

-na sem se darem conta do fato. Dada a necessidade ou oportunidade de liderar, com algum encorajamento e talvez um curso ou programa de liderança, a maioria das pessoas pode desenvolver esse potencial. Esses com uma maior quantidade de potencial natural podem tornar-se líderes maiores dentro de suas esferas, desde que estejam dispostos a trabalhar arduamente.

Aprender sobre liderança acontece quando faíscas de relevância saltam entre a experiência ou prática, por um lado, e princípios ou teoria por outro. Um sem o outro tende a ser estéril. É uma falácia comum dizer que a liderança é aprendida apenas através da experiência. A experiência só ensina o ensinável, e é uma escola que cobra grandes taxas. Às vezes, as pessoas graduam-se quando são demasiado velhas para aplicar as lições. A liderança é muito melhor aprendida pela experiência e reflexão ou pensamento que, por sua vez, informa ou orienta a ação futura. Outras pessoas, como exemplos ou modelos, professores ou mentores, têm um papel importante a desempenhar neste processo. Sócrates, por exemplo, provavelmente agiu como o próprio mentor de Xenofonte.

A crença de que teorias ou princípios, absorvidos de livros ou cursos, podem por si só ensinar uma pessoa a liderar é também uma meia verdade. Tudo o que o estudo acadêmico da liderança faz é ensinar sobre liderança, não como liderar. É certamente útil para as pessoas esclarecerem os seus conceitos de liderança, seja como prelúdio ou interlúdio no trabalho prático de liderar outros. Mas a liderança é aprendida principalmente através de sua realização, e nada pode substituir esse ciclo necessário de experiência, tentativa e erro, sucesso e fracasso, seguido por reflexão e a leitura. Seguindo esse caminho de autodesenvolvimento, uma pessoa pode se tornar tão eficaz como um líder que a função se torna, por assim dizer, uma segunda natureza. Outros podem dizer: "Ele ou ela nasceu para isso", mas pouco saberão sobre o trabalho que foi feito. Leva muito tempo para se tornar um líder nato!

4
Descobrindo o modelo dos três círculos

Uma imagem vale mais que mil palavras.
PROVÉRBIO CHINÊS

No calor do verão egípcio, os guardas escoceses foram para o sul de seu acampamento base perto de Port Said para guardar e patrulhar um vasto depósito de munições no deserto da Zona do Canal. Meu pelotão recebeu o trabalho de colocar uma densa e ampla barreira de arame farpado ao redor de uma seção do depósito de munições. Tivemos que ir até o fim da cerca com caminhões carregados dos materiais necessários e depois começar a trabalhar onde os nossos antecessores tinham parado. A lixeira era tão grande que não víamos nenhum edifício.

No primeiro dia, colocamos cerca de vinte metros da complexa barreira de arame farpado. Estava extremamente quente e os guardas não estavam nada felizes. No dia seguinte, tirei a camisa e trabalhei com os homens, batendo estacas e consertando as bobinas de arame. No final do dia, tínhamos estruturado cerca de oitenta metros dos emaranhados.

Depois do jantar, naquela noite na minha tenda, estruturei em minha cabeça várias maneiras de terminar mais rápido, como descarregar o material antes do trabalho. Como resultado, no dia seguinte, colocamos ainda mais arame. Ao quarto dia, uma mudança notável tinha chegado ao pelotão: eles estavam alegres, entusiasmados, cheios de ideias, relutantes em parar de trabalhar e ansiosos para estabelecer uma meta maior para o quinto dia. Assim continuamos durante as duas semanas seguintes.

Por exemplo, notei uma grande mudança no soldado da guarda McCluskey, um antigo membro de gangue de Glasgow, com um registro criminal e uma reputação de verdadeiro arruaceiro no acampamento. Ali, ele emergiu como líder de um subgrupo. Ainda estava falando entusiasticamente em formas de colocar mais arame se nos fosse permitido obter outros tipos de equipamento quando chegamos à altura de entregar o trabalho ao próximo pelotão. "Vocês nunca colocarão duzentos metros de arame em um dia como acabamos de fazer", anunciou McCluskey aos recém-chegados. E eles não fizeram!

Embora eu carregasse as cicatrizes do arame farpado em meus braços por vários anos, eu olhava para aqueles dias sob o sol ardente como felizes. E, em retrospectiva, também posso ver que nessa experiência foram lançadas as sementes da minha descoberta do modelo dos Três Círculos.

Nessa altura, para ser honesto, atribuí o êxito do projeto quase inteiramente ao fato de eu ter "liderado à frente", ou liderado pelo exemplo, se preferirem, e partilhado o calor e a fadiga extremos do dia com os soldados. E, sem dúvida, na época eu estava bastante satisfeito comigo mesmo por ter feito isso. Mas, se assim fosse, eu tinha caído num erro. Ao longo do tempo, a minha mente surgiu com uma interpretação muito diferente da razão pela qual as coisas correram tão bem naquele dia, pensamentos que formaram a base do que se tornou a Liderança Centrada na Ação.

Pelo que observei pela primeira vez — talvez deva dizer experienciei —, foi a interação dinâmica nos grupos de trabalho entre o progresso na tarefa e a coesão da equipe. Também tinha reparado nos efeitos dessa mudança em cada indivíduo envolvido. O soldado McCluskey e eu somos os exemplos desse fenômeno nesta história.

E, longe de ser o caso que a minha ação de trabalhar ao lado dos homens os tivesse galvanizado a trabalhar mais, o que eu realmente tinha feito como seu líder foi desempenhar algumas funções necessárias, tais como planejar, controlar, coordenar, e encorajar. Trabalhar entre os homens tinha sido, por assim dizer, apenas a cobertura do bolo.

Como você pode ter adivinhado, eu agora estou invocando meu próprio modelo dos Três Círculos e sua abordagem funcional para entender essa experiência no deserto, mas, na verdade, o desenvolvimento dessa teoria ainda estava a cerca de dez anos de distância no meu futuro.

Embora alguns leitores possam já estar familiarizados com esta teoria, deixe-me esboçá-la agora.

PERSONALIDADE DO GRUPO E NECESSIDADES DO GRUPO

Os grupos de trabalho são mais do que a soma das suas partes: eles têm vida e identidade próprias. Todos esses grupos, desde que estejam juntos há algum tempo, desenvolvem o seu próprio *ethos* único. Chamo a este fenômeno de *grupo de personalidade*, uma frase que peguei emprestada do primeiro-ministro britânico Clement Attlee. Escrevendo sobre a forma de governo do gabinete, ele diz:

> É interessante notar que rapidamente um Gabinete começa a desenvolver uma personalidade de grupo. O papel do primeiro-ministro é cultivar isto, se for eficiente e de bom senso; fazer o seu melhor para o modificar, se assim não for.

A outra metade da teoria enfatiza o que os grupos têm em comum quando comparados com a sua singularidade. São análogos aos indivíduos a este respeito: diferente como somos em termos de aparência e personalidade, temos em comum nossas necessidades — à meia-noite todos nós geralmente começamos a nos sentir cansados, na hora do café da manhã estaremos com fome e assim por diante. De acordo com a minha teoria, existem três *áreas de necessidade* (Figura 4.1) presentes nos grupos de trabalho:

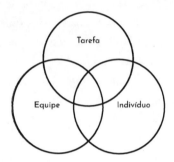

Fonte: Figura 4.1 A interação das áreas de necessidade.

- A necessidade de realizar a tarefa *comum*
- A necessidade de união ou de s*e manter como uma unidade coesa*
- As *necessidades* que *cada indivíduo traz* consigo para o grupo.

TAREFA

Uma das razões pelas quais um grupo se reúne é para cumprir uma tarefa que uma pessoa não pode fazer sozinha. Mas será que o grupo como um todo experimenta a necessidade de completar a tarefa dentro dos limites naturais de tempo para ela? Seres humanos não estão muito consciente da necessidade de alimentos se já estão bem alimentados e, da mesma maneira, é de se esperar que um grupo seja relativamente alheio a qualquer sentido de necessidade se sua tarefa estiver sendo executada com sucesso. Neste caso, o único sinal de que uma necessidade foi atendida é a satisfação ou euforia que o grupo tem em seus momentos de triunfo — uma felicidade que, como seres sociais, muitas vezes contamos entre nossas maiores alegrias.

Antes dessa realização, porém, muitos grupos passam por uma "noite sombria de desespero", quando pode parecer que o grupo será obrigado a dispersar-se sem alcançar o que se propôs a fazer. Se os membros do grupo não estiverem comprometidos com o objetivo comum, este será um evento relativamente indolor; se eles estiverem comprometidos, o grupo exibirá vários graus de ansiedade e frustração. Os bodes expiatórios do fracasso corporativo podem ser escolhidos e punidos; reorganizações podem ocorrer e novos líderes podem surgir. Assim, a adversidade revela a natureza da vida em grupo mais claramente do que a prosperidade. Nela podemos ver sinais ou sintomas da necessidade de seguir em frente de forma eficaz com qualquer tarefa que o grupo tenha se juntado para fazer.

EQUIPE

A necessidade de manutenção da equipe não é tão fácil de perceber quanto a necessidade da tarefa: como em um iceberg, grande parte da vida de qualquer grupo está abaixo da superfície. Mais uma vez, ajuda pensar em grupos que são ameaçados por fora, por forças que visam a sua desintegração; ou por dentro, por pessoas ou ideias desordeiras. Podemos então ver como eles dão prioridade à manutenção de si próprios contra estas pressões externas ou internas, demonstrando por vezes grande ingenuidade no processo.

Muitas das regras de grupo, escritas ou não, destinam-se a promover esta unidade e a manter a coesão a todo o custo. Aqueles que balançam o barco, ou infringem os padrões do grupo e o equilíbrio corporativo, podem esperar reações que variam de indulgência amigável à raiva pura e simples. Se você voltar algumas páginas, poderá ver um exemplo, extraído do relato de Xenofonte sobre a expedição persa. Note que é o grupo que disciplina o recalcitrante Soteridas, não Xenofonte, o líder.

Instintivamente, existe um sentimento comum de que "unidos prosperamos, divididos caímos", e que as boas relações, desejáveis em si mesmas, são também um meio essencial para o fim partilhado. Esta necessidade de criar e promover a coesão do grupo é o que eu chamo de necessidade de manutenção da equipe.

INDIVÍDUO

O que é uma equipe? A origem da palavra inglesa antiga "team" nos dá uma pista: um conjunto de animais de tração, tais como bois, cavalos ou cães, unidos para puxar um veículo ou um implemento. A palavra literalmente significava descendência ou linhagem, provavelmente porque se descobriu que os animais se uniam melhor se fossem parentes. Então, trabalho em equipe aqui é a ação combinada de um grupo de indivíduos, seu poder de extrair ou puxar. Note que a importância da seleção já está no quadro: apenas um grupo de animais *bem combinado* produz um trabalho em equipe eficaz e eficiente.

Além disso, os indivíduos trazem as suas próprias necessidades para o grupo — não apenas as necessidades físicas de alimentação e abrigo (que hoje em dia são amplamente cobertas pelo pagamento de um salário), mas também as necessidades psicológicas: reconhecimento, sentido de fazer algo que vale a pena, status e necessidades mais profundas da relação entre pessoas em uma situação de trabalho. Essas necessidades individuais são talvez mais profundas do que muitos podem perceber. Tais necessidades brotam das profundezas da nossa vida comum como seres humanos. Podem nos atrair ou nos repelir de qualquer grupo. Subjacente a todos eles, está o fato de que as pessoas precisam umas das outras não apenas para sobreviver, mas para alcançar e desenvolver a personalidade. Este crescimento ocorre em toda uma série de atividades sociais — amizade, casamento e comunidade local — mas, inevitavelmente, os grupos de trabalho são extremamente importantes, porque muitas pessoas gastam a maior parte do seu tempo acordadas operando dentro deles.

OS TRÊS CÍRCULOS INTERAGEM

O modelo dos Três Círculos simplesmente sugere que a tarefa, a equipe e as necessidades individuais estão sempre interagindo entre si. Os círculos se sobrepõem, mas não interferem um no outro. Por outras palavras, há sempre algum grau de tensão entre eles.

Muitas das necessidades de um indivíduo, tais como a necessidade de alcançar e a necessidade social de companhia humana, são satisfeitas em parte através da participação em grupos de trabalho. Mas um indivíduo também pode correr o risco de ser explorado em nome da tarefa e, portanto, dominado pelo grupo de forma a invadir a sua liberdade e integridade pessoais.

É uma característica fundamental do modelo dos Três Círculos que cada um dos círculos seja sempre visto em relação aos outros dois. Como líder, você precisa estar constantemente ciente do que está acontecendo em seu grupo em termos dos Três Círculos. Você pode imaginar um círculo como um balão ficando maior (melhor) e outro encolhendo,

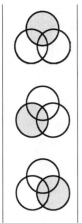

Se uma equipe falhar em sua tarefa, isso intensificará as tendências desintegradoras presentes na equipe e diminuirá a satisfação das necessidades individuais.

Se houver falta de unidade ou de relações harmoniosas na equipe, isso afetará o desempenho no trabalho e também as necessidades individuais.

Se um indivíduo se sentir frustrado e infeliz, ele ou ela não fará a contribuição máxima para a tarefa comum ou para a vida da equipe.

Figura 4.2 A interação das necessidades.

ou você pode visualizar a situação como se um círculo estivesse completamente eclipsado ou escurecido (Figura 4.2).

EM PERSPECTIVA

Desde a publicação do meu primeiro livro, *Training for Leadership*, em 1968, o modelo dos Três Círculos está no domínio público, há mais de cinquenta anos. Lembre-se de que é uma teoria sobre grupos de trabalho, não sobre liderança propriamente dita — que pertence ao próximo capítulo.

Até agora a teoria não foi refutada. Para isso, um crítico teria que encontrar um grupo de trabalho que não tivesse tarefa, grupo (ou equipe) e indivíduos, o que é claramente impossível, ou deveria ser capaz de demonstrar que não há interações dinâmicas positivas ou negativas entre os três domínios.

Tanto quanto sei, ninguém fez este segundo tipo de objeção ao modelo dos Três Círculos. Em outras palavras, a verdade não foi questionada. Na verdade, para muitas pessoas, é evidente. "A verdade tem tal rosto e tal fisionomia", escreveu John Dryden, "para ser amado só é preciso ser visto."

O criador de uma teoria talvez não seja a melhor pessoa para avaliá-la. Mas, tanto quanto posso dizer, as várias críticas ao meu trabalho têm sido dirigidas à Liderança Centrada na Ação e não ao modelo básico dos Três Círculos que descrevi neste capítulo. Por favor, sinta-se à vontade para me corrigir se eu estiver errado.

O valor do modelo é que ele desloca a atenção do líder para o grupo. Vemos que um grupo de trabalho humano é muito diferente de um rebanho de ovelhas que simplesmente brincam de seguir o líder. No contexto humano, podemos então pensar na função do líder como sendo, simplesmente, servir ao grupo? Sim, em grande medida, mas não inteiramente.

5
O PAPEL DO LÍDER

A experiência humana, que está em constante contradição com a teoria, é o grande teste da verdade.

DR. SAMUEL JOHNSON

O modelo dos Três Círculos forma a base da minha teoria de que há um papel genérico de *líder* — um conjunto comum de responsabilidades que pode ser encontrado em todos os grupos de trabalho.

Em primeiro lugar, porém, é importante compreender o conceito de *papel*. Por origem, é uma metáfora teatral: na sua forma inglesa, um *papel* era a folha que continha as linhas do ator, a sua função na peça. Em uso ampliado, um *papel* é modo como alguém age em relação aos outros. Em contextos sociais, ele é muitas vezes determinado pelas expectativas alheias. Por exemplo, esperamos que agentes da polícia ou médicos ajam profissionalmente de forma característica. Por conseguinte, o papel implica uma conduta adequada; tem como referência uma norma de comportamento que lhe está associada.

Vale a pena saber que as formas mais duradouras de relações sociais — aquelas que se repetem suficientemente para serem classificadas sob nomes comuns —, por mais profundamente pessoais que sejam, são também relações de papéis.

Observe, também, que as relações de papéis são sempre recíprocas. Não se pode, por assim dizer, atuar como médico sem um paciente, ou como agente da polícia sem um cidadão. Para ser pai, Sócrates observa no *Simpósio* de Platão, é preciso ser pai de *alguém*.

A expressão comum "modelo" refere-se a uma pessoa que é considerada por outros como um exemplo num determinado papel. A implicação aqui, é claro, é que a pessoa assim descrita é um *bom exemplo*.

Rios de tinta acadêmica fluíram na tentativa de determinar a diferença entre um líder e um gerente. Mas esse debate provou ser totalmente infrutífero, porque se baseia em um erro básico de categoria, um termo introduzido pelo ilustre filósofo da Universidade de Oxford, Gilbert Ryle, no seu texto clássico *Concept of Mind* (1949).

Ryle dá alguns exemplos divertidos para ilustrar o significado de um erro de categoria. Por exemplo, ele fala sobre um jogo de críquete, onde os jogadores e seus papéis estão sendo descritos por um anfitrião inglês para um convidado estrangeiro. "Não vejo de quem é o papel de exercer o espírito de equipe", diz ele. O seu erro é pensar que essa é uma função específica do jogo, em vez de ser uma forma ou um espírito em que são desempenhadas funções específicas.

Outro exemplo de erro de categoria é confundir um termo genérico, relacionado a uma classe ou grupo, com o específico. As peras, as maçãs e os pêssegos são exemplos de especificidades da categoria das frutas. Você pode comer todas elas, mas seria um erro de categoria encomendar "fruta" para esse fim.

Seguindo esta metáfora, "líder" é o equivalente a "fruta", e termos como "gerente", "comandante de empresa", "diretor", "condutor", "presidente", "diretor executivo", "primeiro-ministro", "presidente" e "rei" são todos específicos.

Portanto, você nunca vai encontrar alguém na rua que é *apenas* um líder, assim como nunca vai conhecer quem seja *apenas* um pai ou uma mãe, irmão ou irmã. O que você pode encontrar, por exemplo, é uma enfermeira que é uma líder, um engenheiro que é um líder ou um músico que é um líder.

Antes de delinear o papel genérico de *líder*, há mais uma distinção importante que precisa ser feita: entre a posição ou cargo de um líder — o próprio papel — e a capacidade de cumpri-lo.

A frequente confusão entre estes dois fatores remonta à década de 1820, quando a palavra "liderança" foi inicialmente cunhada e, posteriormente, entrou no vocabulário inglês.

Como já referi, a palavra divide-se em três elementos: lead-er-ship. Cada um destes elementos considerados separadamente é anterior à década de 1820 por mil anos. Shakespeare, por exemplo, encontrou o termo "soldado" já disponível na língua inglesa.

O último sufixo, "-ship", é ambíguo, pois pode indicar posição ou status — como em senhorio ou concessionário, por um lado, ou, por outro lado, técnica, habilidade ou arte, como em artesanato ou equitação. Portanto, quando falamos de liderança dos sindicatos ou de líderes empresariais, estamos nos referindo aos responsáveis: aqueles que ocupam os mais altos cargos ou cargos de responsabilidade. Não há nenhuma implicação de qualquer forma quanto à sua capacidade de liderar outros.

O modelo dos Três Círculos é como a dupla hélice: este abriu a porta para que os cientistas mapeassem os genes humanos, aquele me permitiu identificar as funções-chave que constituem — sem esgotar — o papel genérico de líder. E isso, por sua vez, abriu outra porta: a possibilidade de usar o conhecimento para treinamento, e mais especificamente, treinamento para liderança.

A lógica para aplicar a teoria dessa forma prática se assenta em dois fundamentos. O primeiro é que, sendo simples, é muito eficiente em termos de tempo, pois os papéis genéricos podem ser ensinados de forma eficaz em dois ou três dias. Compete então ao aluno — utilizando esta palavra no seu sentido mais lato — aplicá-la ao papel *específico* que já ocupa ou irá ocupar no futuro. E em todos os campos do conhecimento humano, tempo é dinheiro.

O segundo motivo é que funciona. A fim de apoiar essa argumentação, irei apresentar algumas provas, depois de ter feito alguns esboços iniciais.

Uma última palavra nessa introdução sobre o termo "Liderança Centrada na Ação". Em Sandhurst e nas outras forças armadas durante a década de 1960, esta abordagem era conhecida como Liderança Funcional. Em 1970, quando a Sociedade Industrial a adotou para a formação de encarregados, supervisores e gestores, John Garnett, diretor da Sociedade Industrial, deu-lhe o novo nome de *Action Centred Leadership* [Liderança Centrada na Ação] (que, por sua vez, levou à sigla ACL). Como mais de um milhão de gerentes participaram dos cursos ACL da Sociedade Industrial no Reino Unido e no exterior, o nome gradualmente eclipsou a antiga Liderança Funcional, até mesmo (eventualmente) nos serviços armados.

Nos últimos cinquenta anos, no entanto, a Liderança Centrada na Ação deixou de ser uma marca e se tornou muito mais um termo genérico. É um desenvolvimento que eu saúdo, porque a minha teoria geral de liderança (como delineada no próximo capítulo) abraça mais do que apenas uma abordagem funcional.

* * *

Uma orquestra precisa de um maestro? Um coro precisa de um regente? Um navio pode funcionar sem um capitão? Teoricamente, tudo é possível. Na prática, porém, é um fato que os grupos de trabalho tendem a ter líderes. Mesmo que não haja um líder nomeado ou eleito com o título, surgirão líderes informais para abordar as três áreas de necessidade que se sobrepõem. As suas responsabilidades refletem o modelo dos Três Círculos, mas são expressas em termos funcionais ou ativos (ver figura 5.1).

Fonte: Figura 5.1 O papel genérico do líder.

Não é por acaso que "realização da Tarefa" é o círculo superior, pois o líder tem — em relação aos outros — a maior parte da responsabilidade pelo sucesso. Como disse o marechal de campo Lorde Slim:

A derrota é amarga. Amarga para o soldado comum, mas triplamente amarga para o seu general. O soldado pode confortar-se com o pensamento de que, seja qual for o resultado, ele cumpriu o seu dever com fidelidade e firmeza, mas o comandante falhou se não conquistou a vitória, pois é esse o seu dever. Ele não tem outro comparável a ele. É isso que o obriga a dar a vitória ao seu país, ou, no mínimo, a evitar as piores consequências da derrota.

O que é menos óbvio é que, como em um iceberg, sob a superfície há duas outras áreas de responsabilidade da liderança: pelo trabalho em equipe, moral e espírito de equipe do todo, e por cada indivíduo em termos de conteúdo do trabalho.

Uma das razões mais fortes para ensinar líderes — ou aspirantes a líderes — em todos os níveis sobre o papel genérico do *líder* é que, sem esse conhecimento, e com apenas seus próprios recursos, aqueles em posição de liderança tendem a aprimorar a tarefa exclusivamente à custa das pessoas.

Evidentemente, não é verdade que o líder deva dar sempre a mesma atenção a todos os círculos — o que demonstraria um completo mal-entendido do modelo. As situações ditam as prioridades. Mas um verdadeiro líder nunca esquece completamente das necessidades individuais e da equipe. Depois de um tempo de imersão necessária na tarefa — talvez em uma crise imprevista —, eles se reencontrarão com a equipe e os indivíduos.

Para que as três áreas de responsabilidade da liderança que se sobrepõem sejam cumpridas, é necessário que certas funções sejam desempenhadas. Uma *função é o que você faz*, em oposição a uma *qualidade*, que é o que você é ou o que você sabe. Estamos agora firmemente empenhados em um território centrado na ação.

Funções são uma forma do que os filósofos chamam de "ações intermediárias", pois são conceitos que ocupam o meio-termo entre o que é (também) abstrato ou geral e o que é (também) concreto ou específico. Em outras palavras, são pontes entre os Três Círculos e as atividades cotidianas do líder. E, em uma ponte, o tráfego pode sempre se mover em ambas as direções.

É precisamente porque os Três Círculos se sobrepõem que prefiro trabalhar com um conjunto de funções em vez de três. Isso porque qualquer ato funcional pode afetar todas as três áreas — uma mais diretamente que as outras. Por exemplo, não há nada como um mau plano — ou, às vezes, a falta de qualquer planejamento — para dividir um grupo de trabalho em facções ou para frustrar membros individuais.

A lista de funções abaixo é puramente indicativa; nunca senti que me incumbisse fornecer uma lista definitiva e depois exigir uma adesão rígida a ela. Existem, no entanto, algumas funções que aparecem sempre em qualquer lista. O que você acha que são? (ver Figura 5.2)

Definição da tarefa	Qual é a finalidade, as metas e os objetivos? Por que este trabalho vale a pena?
Planejamento	Um plano responde à pergunta de como você vai sair de onde está agora para onde quer estar. Não há nada como um mau plano para separar um grupo ou deixar os indivíduos desmotivados.
Briefing	A capacidade de comunicar: assegurar que as pessoas tenham compreendido tanto a tarefa quanto o plano.
Controle	Garantir que todos os recursos e energias sejam devidamente aproveitados.
Apoio	Estabelecer e manter valores e padrões organizacionais e de equipe.
Informação	Trazer informação ao grupo e do grupo: ou seja, a função de ligação da liderança.
Revisão	Estabelecer e aplicar os critérios de sucesso adequados ao campo.

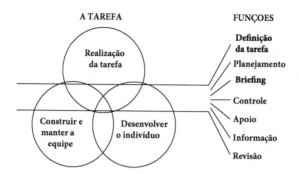

Fonte: Figura 5.2 As funções da lidera

Observe que nosso sentido de deslocamento é do simples (os Três Círculos na Figura 5.1) para o mais complexo (o conjunto de funções na Figura 5.2).

Há uma analogia desse processo de passar do simples ao complexo na análise da luz. A luz refrata em três cores primárias: vermelho, verde e azul. Com as cores formadas pelas sobreposições destas cores primárias, chegamos ao espectro de cores que associamos ao arco-íris (convencionalmente: vermelho, laranja, amarelo, verde, azul, índigo e violeta) (ver Figura 5.3).

Para seguir a analogia um passo à frente, as complexas imagens em movimento nos canais das nossas telas de televisão são constituídas por um caleidoscópio de pontos em constante mudança por essas sete cores, que são, se quiser, uma imagem do seu dia ocupado. Se, no entanto, como um artista, você se afastar da imagem, pode ver os padrões caleidoscópicos em constante mudança entre *tarefa, equipe e indivíduo*.

Lições de liderança: 12 conceitos-chave

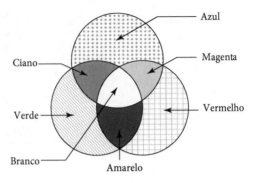

fonte: Figura 5.3: A cor do espectro

O TESTE DO TEMPO

Se você considerar a teoria por trás da Liderança Centrada na Ação — o modelo dos Três Círculos e o papel genérico do líder —, é extremamente difícil saber como a verdade pode ser estabelecida. Talvez a única pista esteja em um princípio adiantado por Einstein em Out of My Later Years (1950):

> Os axiomas éticos são encontrados e testados de forma não muito diferente dos axiomas da ciência. A verdade é o que resiste ao teste da experiência.

Ou, como diz o provérbio romano mais sucintamente, a *verdade é filha do tempo*.

Einstein assistiu uma vez a uma palestra do filósofo Karl Popper, que teve uma influência duradoura sobre a filosofia da ciência e, mais genericamente, a epistemologia, ciência que trata da origem e do método do conhecimento. No cerne de sua contribuição está um princípio simples: as hipóteses e teorias científicas nunca podem ser, por fim, confirmadas como verdadeiras. Tudo o que se pode dizer delas é que sobreviveram a todas as tentativas de refutação.

Com base nestes critérios, posso afirmar que a teoria da Liderança Centrada na Ação, que foi publicada e é de domínio público há mais de cinquenta anos, continua à espera de ser refutada. A única tentativa séria de submetê-la a um exame crítico de busca por um grupo de acadêmicos a deixou completamente incólume: em outras palavras, até agora tudo bem. A Liderança Centrada na Ação propriamente dita é uma combinação da teoria descrita acima e dos métodos de treinamento centrados no grupo. Se tomarmos apenas um exemplo — o exército britânico —, tem sido ensinada e aplicada continuamente desde 1964. Nenhuma outra teoria de liderança conhecida por mim foi sujeita — e sobreviveu — a tanto tempo de serviço. De acordo com a publicação do Ministério da Defesa *Army Leadership Doctrine* (2016), a Liderança Centrada na Ação é agora oficialmente o modelo de liderança do Exército inglês:

> O modelo de liderança do Exército. Uma ampla consulta determinou que o modelo de liderança mais relevante, que resume concisamente o papel do líder do Exército, é a teoria de Adair, de Liderança Centrada na Ação™. É uma teoria que suportou os testes do tempo, é aplicável em todos os níveis de liderança e acessível a todos os níveis. Com alguma adaptação menor para reconhecer a importância de compreender o contexto, a Liderança Centrada na Ação™ foi adotada como o modelo de liderança do Exército.[2]

Embora ainda exista um elemento de verdade no provérbio *líderes nascem, não são feitos* — as pessoas diferem no seu potencial natural de liderança — o que a Liderança Centrada na Ação provou, sem dúvida razoavelmente, é que é possível e viável treinar para a liderança. Uma base segura para a aprendizagem futura pode ser estabelecida. Essa descoberta deu substância às palavras confiantes do marechal de campo Lord Slim:

> Não há ninguém que não possa melhorar exponencialmente os seus poderes de liderança com um pouco de conhecimento e prática.

---

2. J. Gosling, P. Case e M. Witzel (Orgs.). *John Adair: Fundamentals of Leadership*. Basingstoke: Palgrave Macmillan, 2007.

6
UM QUADRO GERAL

Poeira que somos, o espírito imortal se eleva
Tal qual a harmonia na música; existe a arte
Obscura e inescrutável que reconcilia
Elementos discordantes, fazendo com que se unam
Na totalidade
WORDSWORTH

A pergunta fundamental sobre liderança é: *por que é que uma pessoa, em vez de outra, é percebida como — ou aceita como — um líder pelos outros?*

Na história do mundo houve três abordagens principais para responder a essa pergunta. Elas não são exclusivas, entretanto, e por isso eu as representei aqui como peças interligadas de um quebra-cabeça, que juntos formam um todo (Figura 6.1).

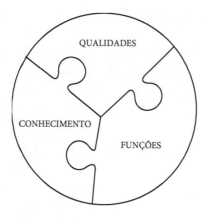

Fonte: Figura 6.1 As três abordagens.

A ABORDAGEM DAS QUALIDADES

É um fato que alguns homens têm uma superioridade inata que lhes dá uma influência dominante sobre seus contemporâneos, e os marca inequivocamente para a liderança. Assim, um eminente clérigo, o dr. Hensley Henson, bispo de Durham, disse à sua audiência na Universidade de St. Andrews. "Este fenômeno é tão certo quanto misterioso", continuou ele.

> É evidente em todas as associações de seres humanos, em todas as variedades de circunstâncias e em todos os planos de cultura. Em uma escola entre meninos, em uma faculdade entre estudantes, numa fábrica, num estaleiro ou numa mina entre operários, tão certamente como na Igreja e na Nação, há aqueles que, com um título seguro e inquestionável, assumem a liderança e moldam a conduta geral.

Estas palavras foram ditas em 1934 — o ano, aliás, em que Adolf Hitler se tornou chefe de Estado na Alemanha com o título de *Führer*.

O bispo acreditava, como a maioria das pessoas pensava então, que a liderança era uma forma de "superioridade inata" — em outras palavras, você nasce com ela ou não. O líder nascido surgirá naturalmente como líder porque ele (note a suposição de que os líderes são homens) tem qualidades inatas que lhe dão tal "título garantido e inquestionável". Tal líder poderia presumivelmente liderar em qualquer circunstância ou situação.

A primeira lista dessas "qualidades inatas" de liderança na língua inglesa aparece em *Macbeth*, de Shakespeare. Naquela época, a palavra "liderança" não existia, embora Shakespeare chame alguns generais de "homens de grande liderança". A função principal de um rei naqueles dias era liderar o seu exército para a frente de batalha, epitomizado por seu modelo de papel de realeza, Henrique v. Assim, podemos assumir que suas "graças de rei" são essencialmente qualidades de liderança. São doze:

> *As graças do Rei,*
> *Como justiça, verdade, temperança, estabilidade, bondade, perseverança, misericórdia, humildade, devoção, paciência, coragem e fortaleza.*

Só em 1912 é que encontramos uma outra lista comparável a ela, desta vez em prosa e em uma audiência de jovens aspirantes. Uma lista de livros anônima, com preços de seis *pence* e intitulada "Como ser um líder dos outros", deduz dez qualidades do estudo de grandes líderes (uma categoria que, aliás, em 1912 incluía o imperador alemão: "um líder forte e inspirador, capaz de assegurar a afeição e obediência de seus súditos"). As qualidades oferecidas como estrutura para o próprio aperfeiçoamento incluíam confiança, ambição, autossuficiência, energia, personalidade, coragem, dignidade, magnetismo, frieza e autodisciplina.

Embora o leitor seja exortado a trabalhar pesado — realmente pesado — durante um longo período de tempo, nenhum conselho é dado sobre como esta autoajuda deve ser gerida ou empreendida. Também não há exemplos de pessoas que tenham concluído o curso com sucesso. De fato, todos os programas para construir o caráter de uma pessoa através de um ataque direto a um conjunto selecionado de características pessoais são autodestrutivos.

Há um outro problema decorrente daquilo a que se tem chamado a lei da indireção. Uma vez que você especifica um conjunto de qualidades de liderança, surge em sua mente ou nas mentes de outras pessoas uma outra qualidade que não está na lista, e que também reivindica atenção como sendo importante. Por que deixar de fora, por exemplo, a resiliência, o tato, a cortesia ou o senso de humor? Assim, as listas de qualidades de liderança tendem a ficar cada vez mais longas com o passar do tempo.

Assim como o uso da palavra "valores" em uma conversa, o termo "qualidades de liderança" funciona razoavelmente bem. Sabemos o que a outra pessoa quer dizer com isso. A dificuldade só surge quando fazemos a pergunta: "Quais são estas qualidades?" Em outras palavras, como saber qual das várias listas é a correta?

Mesmo uma rápida comparação mostra que as duas listas acima descritas têm apenas uma qualidade em comum — a coragem. Isso não nos ajuda muito, pois todos os soldados — e sem dúvida todos os humanos em certos momentos de suas vidas — precisam de coragem. Então, por que chamar de qualidade de liderança?

Estudos empíricos feitos por psicólogos serviram para confirmar a confusão. Por exemplo, um estudo do Professor Charles Bird da Universidade de Minnesota, em 1940, analisou vinte investigações experimentais sobre liderança e descobriu que apenas 5% das características descritas apareceram em três ou mais das listas.

A dificuldade, então, é que as listas variam consideravelmente, mesmo levando em conta o fato de que os compiladores frequentemente usam sinônimos grosseiros para a mesma característica. Na verdade, há um número desconcertante de nomes de traços a partir dos quais o estudante de liderança poderia compor seu próprio portfólio. Existem umas 17 mil palavras na língua inglesa que podem ser usadas para descrever personalidade ou caráter.

Uma pesquisa com 75 altos executivos, realizada pela revista americana *Fortune*, listou quinze qualidades executivas: julgamento, iniciativa, integridade, previsão, energia, impulso, habilidade nas relações humanas, determinação, confiabilidade, estabilidade emocional, justiça, ambição, dedicação, objetividade e cooperação. Quase um terço dos 75 disse que achava que todas essas qualidades eram indispensáveis. As respostas revelaram que estas qualidades pessoais não têm significados geralmente aceitos. Por exemplo, as definições de "confiabilidade" incluíam 147 conceitos diferentes.

A dificuldade é atenuada se limitarmos o amplo termo "qualidade" — no sentido de uma *qualificação* — ao conceito mais restrito de *traço* de personalidade ou caráter. Isso significa deixar conscientemente de lado atributos da mente, tais como inteligência, criatividade, curiosidade e julgamento. Também deve ser deixada de fora da imagem qualquer forma de conhecimento adquirido ou habilidade.

Na minha reflexão sobre estes traços pessoais residuais, introduzi distinções entre "personalidade" e "caráter", dois termos que são frequentemente agrupados ou confundidos. A personalidade denota a impressão emocional geral que uma pessoa causa em você, especialmente em uma primeira reunião. O caráter, pelo contrário, não é imediatamente aparente. Ele só se revela com o tempo, à medida que você conhece outra pessoa — ou você mesmo — melhor. O caráter denota o ser moral de uma pessoa, conforme evidenciado em qualidades como honestidade, integridade e coragem moral. Você deve ter notado que nunca aplicamos os termos "bom" ou "mau" (em seu sentido moral) à personalidade de ninguém. Em vez disso, utilizamos qualificadores como "agradável" ou "desagradável", "atraente" ou "pouco atraente", "otimista" ou "pessimista".

Há ainda que fazer uma outra distinção entre, por um lado, tentar compilar uma lista dos traços de personalidade e caráter que os líderes realmente têm e, por outro, as qualidades que deveriam ter.

O primeiro destes exercícios está condenado ao fracasso. Tendo escrito duas biografias e lido inúmeras outras, sei muito bem como é difícil captar personalidade e caráter em palavras. Pois nós somos, nas palavras de Shakespeare, "pátio misto". Na realidade, qualquer dado é uma mistura complexa de pontos fortes e fracos, e grandes líderes tendem a ter grandes pontos fortes e grandes fraquezas.

Uma vez que o papel genérico de *líder* foi descoberto e mapeado, o segundo exercício — identificar as qualidades de personalidade e caráter que "se tornam" esse papel, agregando valor e substância a ele e o tornando pessoal — torna-se muito mais fácil. Mas como é que se faz exatamente isso? É aqui que a arte tem de complementar a ciência na nossa compreensão de liderança, pois não existe uma forma científica de o fazer. Uma pista está nesta observação de Proust:

> O escritor, para alcançar a generalidade e, tanto quanto a literatura pode, a realidade, precisa ter visto muitas igrejas para descrever uma igreja, e para a traição de um único sentimento, ele requer muitos indivíduos.

Em outras palavras, é necessário recorrer a um amplo estudo e observação dos líderes, passados e presentes, e em muitos campos do esforço humano. Mesmo assim, qualquer lista de qualidades de líderes será sempre hesitante e incompleta: chamo-lhe *indicativa*. Como resultado, isso significa que você está totalmente livre para adicionar ou subtrair o que quiser. Aqui estão as qualidades que permaneceram constantes na minha própria mente:

Entusiasmo (Capítulo 7)
Integridade (Capítulo 8)
Firme e exigente, mas justo (Capítulo 9)
Calor e humanidade (Capítulo 10)
Humildade (Capítulo 11)

A ABORDAGEM SITUACIONAL

Por que é que uma pessoa num grupo é percebida e aceita como líder? De acordo com a Abordagem Situacional, a resposta é simples: tudo depende da situação. Como algumas pesquisas em 1947 concluíram: "Há grandes variações nas características dos indivíduos que se tornam líderes em situações semelhantes e até mesmo grandes divergências em situações diferentes. O único fator comum parece ser que os líderes de um determinado domínio *necessitam e tendem a possuir competências ou conhecimentos gerais ou técnicos superiores nesse domínio*".

As origens da Abordagem Situacional remontam à história de Sócrates em Atenas, no século v a.C; Sócrates não escreveu livros. Nossas principais fontes de informação sobre ele são os *Diálogos* de Platão, as *Memórias* de Xenofonte e o satírico quadro pintado por Aristófanes em As *Nuvens*. É incerto até que ponto Platão e Xenofonte atribuíram com as próprias opiniões ao seu mestre comum. Quando se trata do tema da liderança, é especialmente difícil determinar o que se passa com Sócrates. O próprio Xenofonte era um líder e um pensador sobre liderança. Ele pôs as próprias opiniões na boca de Sócrates? Ele certamente escreveu na forma de diálogos socráticos, com Sócrates como um dos oradores. Ou, quando jovem, ouviu Sócrates a contra interrogar vários futuros líderes e tomou notas? Estas perguntas não podem ser respondidas com qualquer grau de confiança, mas pelo menos sabemos de uma ideia central em Xenofonte que não remonta a Sócrates — que a liderança está ligada a situações e depende muito do líder ter o conhecimento adequado; sabemos isso porque Platão também aborda esse tema.

> **A parábola do capitão do navio**
> Os marinheiros estão discutindo sobre o controle do leme. [...] Eles não entendem que o verdadeiro navegador só pode se fazer apto para comandar um navio estudando as estações do ano, o céu, as estrelas e os ventos, e tudo o que pertence ao seu ofício, e eles não têm ideia de que, juntamente com a ciência da navegação, é possível para ele ganhar, por instrução ou prática, a habilidade de manter o controle do leme quer alguns deles gostem ou não.
> Platão, *A República*

O mesmo tema emerge em um diálogo que Xenofonte registra entre Sócrates e um jovem comandante de cavalaria recém-eleito (seria o próprio Xenofonte?). Sócrates lhe perguntou primeiro por que ele tinha procurado aquele cargo. O jovem concordou que não poderia ter sido porque ele queria ser o primeiro na carga de cavalaria, pois os arqueiros montados geralmente seguiam à frente do comandante na batalha, nem poderia ter sido simplesmente para conhecer a todos — até loucos conseguiam isso. O aspirante a comandante aceitou a sugestão de Sócrates de que seu objetivo deveria ser deixar a cavalaria ateniense em melhores condições do que quando a encontrou. Xenofonte, uma renomada autoridade em equitação e autor de um livro sobre o comando da cavalaria, não teve dificuldade em explicar o que precisa ser feito para alcançar esse fim. O jovem comandante, por exemplo, tem de melhorar a qualidade dos montes de cavalaria; tem de formar novos recrutas — tanto cavalos como homens — em habilidades equestres e depois ensinar aos soldados as suas táticas de cavalaria.

— E já pensaste em como fazer com que os homens te obedeçam? — continuou Sócrates. — Porque, sem isso, os cavalos e os homens, por muito bons e galantes que sejam, não servem para nada.

— É verdade, mas qual é a melhor maneira de encorajá-los a obedecer, Sócrates? — perguntou o jovem.

— Bem, suponho que você saiba que, sob todas as condições, os seres humanos estão mais dispostos a obedecer àqueles que acreditam ser os melhores. Assim, na doença, obedecem mais prontamente ao médico, a bordo do navio o capitão, em uma fazenda o agricultor, quem eles acharem que é o mais competente no seu negócio.

— Sim, certamente — disse o aluno.

— Então é provável que, também na equitação, aquele que sabe claramente o que deve ser feito ganhe mais facilmente a obediência dos outros.

Xenofonte captura aqui um tema muito distinto no ensino de Sócrates sobre liderança. Em harmonia com o resto da doutrina de Sócrates (pois, apesar de sua pose de ignorância, Sócrates tinha ideias próprias), enfatiza a importância do conhecimento na liderança. As pessoas obedecerão de bom grado apenas àqueles que percebem ser mais qualificados ou mais conhecedores do que os que se encontram em uma situação particular.

Xenofonte, em outro lugar, nos dá um exemplo vívido da Abordagem Situacional em ação. Relaciona-se com a emergência de Clearco de Esparta como comandante-chefe dos Dez Mil após a sua desastrosa derrota no campo de Cunaxa. Embora ele tivesse as qualidades de soldado arraigadas que se esperaria de um espartano, nem em personalidade nem em caráter — a sua persona — o general veterano poderia ser descrito como um homem atraente. No entanto, ele tornou-se o homem durante uma hora.

Clearco tomou a seu cargo o papel de porta-voz de seus colegas generais para os emissários persas, mas não deu nenhuma indicação a ninguém sobre o que ele iria dizer. Após o pôr-do-sol, convocou uma reunião dos oficiais, fez uma breve revisão das opções e depois disse-lhes o que deviam fazer. Deveriam dirigir-se para norte naquela mesma noite, na primeira etapa de uma longa marcha para a segurança nas margens do Mar Negro, que fica a cerca de 800 milhas de distância. Como Xenofonte registra em *A Expedição Persa*, todos sentiram que somente Clearco poderia afastá-los do perigo mortal:

> Ao receberem as suas instruções, os generais e capitães partiram e os levaram; e desde então Clearco tinha o comando, e eles eram seus subordinados. Não porque fora o resultado de uma eleição, mas sim porque perceberam que ele era o único homem que tinha o tipo certo de mente para um comandante, enquanto os outros eram inexperientes.

Espartanos como Clearco eram conhecidos por usar poucas palavras. Uma palavra inglesa para esse tipo de discurso conciso é "lacônico", que deriva do nome grego para Esparta. O melhor tipo de autoridade é a autoridade silenciosa. Pois, como disse uma vez Leonardo da Vinci: "Aquele que sabe verdadeiramente não tem necessidade de gritar."

Nem, incidentalmente, você deve chamar a atenção para si mesmo por qualquer referência à sua própria liderança. Lembre-se do provérbio chinês: *os tigres não proclamam a sua tigritude*. Se os outros se referem a você espontaneamente como um líder, ou comentam sobre sua liderança, é um elogio — não é algo para conceder a si mesmo. Você pode dizer que escreve versículos ou que tenta escrever poesia, mas somente outros podem dizer se você é um poeta.

A ABORDAGEM FUNCIONAL

Enquanto a Abordagem de Qualidades chama a atenção para o que você é e a Abordagem Situacional para o que você *sabe*, o foco da Abordagem Funcional está no que você precisa *fazer*.

Como já apresentei a Abordagem Funcional de forma abrangente nos capítulos anteriores, não me repetirei aqui.

* * *

JUNTANDO OS FIOS

Ao combinar as três abordagens, uma primeira e muito provisória definição de líder começa a tomar forma:

> Um líder é o tipo de pessoa com as *qualidades* adequadas e *conhecimento* — que é mais do que técnico ou profissional — capaz de fornecer as *funções* necessárias para permitir que uma equipe tenha sucesso em sua tarefa e para mantê-los juntos como uma unidade de trabalho. E isso é feito não só pelo líder, mas também pela mobilização das contribuições e da cooperação voluntária de todos os envolvidos.

É claro que uma coisa é tecer as três teorias constituintes da liderança em uma teoria geral, como eu fiz. Mas é mais um exercício para uma pessoa integrá-los na sua prática diária de liderança *sem pensar nisso*. No entanto, isso pode acontecer e acontece, pois nossa mente inconsciente faz muito desse trabalho holístico para nós, um processo bem capturado na citação que está no início desse capítulo.

No entanto, você tem que ser paciente. Como Xenofonte observou há muito tempo, o trabalho de se tornar um líder não é feito em um dia.

Em uma palestra que ouvi uma vez, o almirante sir Richard Clayton usou a analogia de "o navio que se encontrava", de um conto escrito por Rudyard Kipling. "É um navio novinho em folha que parte para a sua viagem inaugural. Ele encontra sua primeira tempestade, e todas as suas partes separadas — vigas, cordas, placas e rebites — começam a conversar entre si. Para começar, há uma discussão sobre quem é o mais importante e quem está fazendo mais trabalho. Mas, lentamente, as partes se acalmam e começam a trabalhar em conjunto; e ao fazê-lo, as vozes individuais desaparecem, para serem substituídas pela voz forte e única do navio — o navio que se encontrou."

De vez em quando temos de nos lembrar para onde vai o navio.

Dag Hammerskjöld, então secretário geral das Nações Unidas, guardava um caderno privado para se manter no rumo certo como líder e assim cumprir as expectativas do mundo para o seu grande escritório. Uma noite, na solidão de seu apartamento em Nova York, ele escreveu estas palavras:

> Lembre-se de que a sua posição não lhe dá o direito de comandar. Ela apenas coloca sobre você o dever de viver a sua vida de forma que outros possam receber suas ordens sem serem humilhados.

7
ENTUSIASMO

O próprio sangue vital do nosso desígnio
WILLIAM SHAKESPEARE

Por que entusiasmo é tão importante em um líder? Uma pista está na palavra grega original, *enthuousiasmos*, que literalmente significa ser possuído por um deus, ou — como diríamos — ser inspirado. O entusiasmo é contagioso. Pense nisso. Se você não está inspirado, como pode esperar inspirar outras pessoas?

Entusiasmar ou inspirar os outros, então, é despertar neles um entusiasmo pelo propósito comum que combina com o seu. O almirante Lord Nelson (1758-1805) tinha um dom natural para esse tipo de liderança, um fato que se tornou imediatamente evidente para aqueles que o conheceram — oficiais e marinheiros.

Príncipe William, por exemplo, que mais tarde se tornou rei William iv, lembrou-se de sua primeira reunião com Nelson, então um capitão de fragata de 23 anos de idade, nesta imagem vívida:

Eu era então um aspirante a bordo do *Barfleur*, deitado no Narrows de Staten Island, e estava de vigia no convés, quando o capitão Nelson, do *Albemarle*, entrou em sua barcaça ao lado. Parecia ser o capitão mais moço que eu já vi; e sua vestimenta era digna de atenção. Ele tinha um uniforme de laço cheio; seu lenço de cabelo despojado estava amarrado em uma cauda rígida de Hessian, de um comprimento extraordinário; as velhas abas em seu colete complementaram a peculiaridade geral de sua figura, e produziram uma aparência que atraiu particularmente minha atenção; pois eu nunca tinha visto nada parecido antes, nem podia imaginar quem ele era, nem de onde ele havia surgido. Minhas dúvidas foram, no entanto, removidas quando Lord Hood me apresentou a ele. Havia algo irresistivelmente agradável em seu discurso e conversa; e um entusiasmo ao falar sobre assuntos profissionais, que mostrava que ele não era um ser comum.

Esse entusiasmo pela causa, país e profissão permaneceu com Nelson até seus últimos momentos. Mas não foi um entusiasmo superficial, um mero truque de personalidade. Veio com as outras habilidades naturais de Nelson como líder e uma imensa capacidade de trabalho árduo no dia-a-dia da administração naval. Como o almirante Collingwood disse uma vez de seu amigo de longa data: "Nelson possuía o zelo de um entusiasta, dirigido por talentos que a Natureza tinha muito generosamente concedido a ele, e tudo parecia, como que por encanto, prosperar em sua direção. Mas era o efeito do sistema e de uma boa combinação [uma sequência coordenada e eficaz de ações], não do acaso".

Depois de uma ação bem-sucedida quando Nelson ainda era um jovem capitão, seu comandante-chefe, o almirante St. Vincent, lhe escreveu uma carta que contém este elogio:

Eu nunca vi um homem em nossa profissão que tivesse a arte mágica de infundir o mesmo espírito que inspiram suas próprias ações em outros. [...] Todos concordam que só há um Nelson.

* * *

Bons líderes são entusiastas. Eles tendem, portanto, a gerar nos outros o mesmo compromisso sincero com a tarefa que têm em mãos, como demonstram em suas próprias atitudes e ações. E, como Xenofonte apontou, tais líderes fazem a diferença em qualquer forma de empreendimento humano, não apenas na guerra em terra, mar ou ar. Esse tipo de liderança, diz ele, é simplesmente "a melhor coisa em todas as operações que fazem qualquer exigência ao trabalho dos homens". Embora Xenofonte acreditasse que a liderança podia ser adquirida através da educação, mesmo que não "à vista, ou em uma única audiência", ele não era específico sobre o conteúdo ou métodos de tal educação para a liderança, mas a discussão socrática do tipo que ele havia experimentado pessoalmente com o mestre deve ter sido uma direção nisso. No entanto, quando se trata de entusiasmo, Xenofonte cai — por assim dizer — sobre a raiz da palavra grega: *en + theos*, possuído por um deus ou espírito divino:

> Acima de tudo, ele deve ser um gênio, uma pessoa possuída por um espírito tutelar. Pois eu reconheço que esse dom não é totalmente humano, mas divino — o poder de ganhar obediência voluntária é manifestamente um dom dos deuses aos verdadeiros escolhidos da sabedoria. Aquele que julga digno de viver a vida de Tântalo, de quem se diz que no inferno passa a eternidade, temendo uma segunda morte.

* * *

Na longínqua China, o quase contemporâneo de Xenofonte, Mestre Kung, conhecido por nós pelo seu nome latino Confúcio, abriu a primeira academia do mundo para educar os líderes do amanhã. Ele também demonstrou estar muito consciente da importância de se assegurar um coração harmonioso entre as pessoas. A sua mensagem pode ser resumida nas palavras de Emerson: *Nada de grande se consegue sem entusiasmo.*

Muitos dos ensinamentos de Confúcio ficaram encapsulados em provérbios chineses. Aqui está um deles:

Quando as pessoas têm uma só mente e um só coração, podem mover o monte Tai.

Tai é uma montanha no que é agora a província de Shandong, a maior que Confúcio conhecera. A afirmação mais clara de Confúcio sobre a necessidade de os líderes inspirarem entusiasmo no seu povo — e, portanto, serem eles próprios entusiasmados — está em outra conversa com o seu vizinho e amigo, o ministro-chefe do estado de Lu.

Chi K'ang Tzu perguntou:
— Como se pode inculcar nas pessoas comuns a virtude da reverência, de fazer o melhor e do entusiasmo?
O Mestre disse:
— Governe-os com dignidade e eles serão reverentes; trate-os com bondade e eles farão o seu melhor; exalte o bom e instrua os que estão para trás, e eles serão imbuídos de entusiasmo.

É a duração da viagem que induz o cansaço e o flagelo dos espíritos em muitas pessoas. Eles perdem a visão e o entusiasmo pelo caminho. Os melhores líderes, no entanto, nunca desistem; permanecem firmes na tarefa em mãos, por mais exigente que seja. Se eles sentem que o ritmo e as coisas são difíceis, não demonstram.

Tzu-lu perguntou sobre o governo. O Mestre disse:
— Encoraje as pessoas a trabalharem arduamente, dando como exemplo si mesmo.
Tzu-lu pediu mais. O Mestre disse:
— Não permita que os vossos esforços abrandem.
Tzu-chang perguntou sobre o governo. O Mestre disse:
— Durante a rotina diária não mostre cansaço, e quando houver ação a ser tomada, dê o melhor de si.

Observe como Confúcio aplica entusiasmo — entusiasmo sustentado — até mesmo no domínio da rotina diária, ou, para ampliar o termo, na administração. Para ele, não há divisão entre o trabalho de um líder e o de um gerente ou administrador. Se um gerente de trabalho de rotina mostra entusiasmo e energia até o fim do dia, ele, ou ela, é mais do que um gerente — é um líder.

* * *

"Quando um homem está ansioso e disposto, os deuses juntam-se a ele." Assim disse Ésquilo, o mais antigo dramaturgo grego, um contemporâneo de Confúcio. Entusiasmo é simplesmente a qualidade de um líder que lhe permite infundir nos outros o mesmo espírito e disposição que anima a si mesmo.

8
INTEGRIDADE

*Perdendo-se a confiança,
todas as relações sociais dos homens são reduzidas a nada.*

ANIMADO, HISTORIADOR ROMANO

O significado primário de integridade é a totalidade ou solidez. A integridade implica uma unidade — uma interdependência de partes e uma completude ou perfeição do todo. Mas integridade significa também adesão a um conjunto de valores morais, artísticos ou outros, especialmente a verdade, que estão, por assim dizer, fora de si mesmos. Por isso a integridade está intimamente relacionada com uma honestidade inflexível no que é dito ou feito. Portanto, é totalmente incompatível com qualquer forma de insinceridade. Considere o ideal pessoal que Mahatma Gandhi colocou diante de si: "O que você pensa, o que você diz e o que faz estão em harmonia." É uma boa direção para todos os líderes seguirem.

Uma pessoa íntegra, portanto, é tão honesta que é incapaz de ser falsa com uma confiança, responsabilidade ou compromisso — ou com seus próprios padrões de conduta. Porque a integridade é o oposto de uma condição em que uma pessoa pode ser movida por impulsos oportunistas ou egoístas, que ameaçam romper a sua unidade como um todo.

É uma totalidade que deriva de ser fiel à verdade. Sabemos o que significa quando as pessoas dizem que um estudioso ou artista tem integridade. Ele não se engana nem engana outras pessoas. Ele não é manipulador. Como Oliver Cromwell disse em uma carta a um amigo: "A sutileza pode enganá-lo, a integridade nunca o fará."

A importância crítica de aderir à verdade no contexto da liderança — e em todas as relações pessoais — é que ela cria e mantém a confiança. A confiança mútua entre o líder e o seguidor é absolutamente vital: perca isso e perdeu tudo. Além disso, é muito difícil restabelecê-la. Como diz o poeta romano Catulo: "A confiança, como a alma, uma vez passada, desapareceu para sempre."

Mas por que é que as pessoas que têm integridade, nesse sentido, despertam confiança nos outros? Vou deixá-los para refletir sobre isso. Certamente, todos nós sabemos que uma pessoa que deliberadamente nos engana dizendo mentiras, mais cedo ou mais tarde perde a nossa confiança. É um princípio de liderança que os líderes políticos que mentem aos seus povos têm sido — e são — lentos para aprender, ou optaram por ignorar. O fazem na crença ingênua de que desta vez eles serão capazes de se safar com isso. Mas, muitas vezes, o tempo os desmascara, não raro com um grande constrangimento: pois a verdade tem um modo de emergir à luz do dia, ainda que profundamente fincada na terra, na calada da noite.

* * *

O nosso mundo de hoje é assolado por aqueles que praticam o suborno e a corrupção ou que o toleram nos outros: duas faces da mesma moeda. A corrupção, ou seja, ser influenciado por suborno ou pela prática de qualquer tipo de atividade fraudulenta é desenfreada em todo o mundo por uma simples razão: muitas pessoas que ocupam cargos de liderança não são líderes no verdadeiro sentido da palavra — são impostores. Os casos descobertos de corrupção, ou outros sinais de depravação moral são apenas sintomas da sua falta de integridade, a espinha dorsal da verdadeira liderança.

Aqui na Inglaterra, as eleições da democracia representativa são uma ferramenta limitada para eliminar candidatos a altos cargos que são deficientes quando se trata de integridade pessoal e profissional. A razão está na diferença entre personalidade e caráter. A personalidade está à frente — podemos ver, sentir e avaliar. O caráter está escondido; ninguém pode julgá-lo à primeira vista, apenas ao longo do tempo, nas provações e tribulações do ofício. Plutarco, escritor grego do século ii d.C., descreveu o infeliz político romano Caio Antônio, eleito para o mais alto cargo em Roma, como "um homem sem aptidão para a liderança em qualquer direção, seja ela boa ou má". E foi dito do imperador romano Galba que todos pensavam que ele seria um grande imperador até que ocupasse de fato o cargo.

Confúcio observou o mesmo fenômeno em seu próprio tempo e lugar, o que sugere que é um problema universal:

E os homens que estão na vida pública nos dias de hoje?
O Mestre disse:
— Ah, eles têm uma capacidade tão limitada que não importam muito.

Esta incompatibilidade entre os detentores do cargo de liderança e a capacidade de liderar é importante? Claramente, Confúcio pensou que sim. Caso contrário, por que razão se esforçaria tanto para lançar as sementes de um novo tipo de liderança na China, dando conselhos aos sábios do amanhã?

Isso importa hoje? Claro que sim. Mais ainda, de fato, porque as consequências da falta de liderança na vida pública — na política e na vida empresarial, sobretudo nessa forma de gestão econômica a que chamamos banco — reverberam em todo o mundo. Em nosso mundo complexo e interdependente, vulnerável à ruptura, poucas coisas são mais importantes do que a qualidade e a credibilidade dos líderes.

* * *

Confúcio é insistente sobre a importância da confiabilidade em um líder, e ele reconheceu que, a fim de inspirar a confiança dos outros, um líder deve ter integridade.

> O Mestre disse:
> — O Duque Wen de Chin era astuto e não tinha integridade. O Duque Huan de Ch'i, por outro lado, tinha integridade e não era astuto.

Podemos assumir que o Duque Wen não era aceitável para Confúcio — e como poderia? Pois integridade certamente implica, entre outras coisas, ser confiável ou fiel às palavras. Não é exagero dizer que Confúcio considera a integridade como o elemento central do caráter moral; na verdade, ele usa essa mesma metáfora:

> O Mestre disse:
> — Eu não vejo como um homem que não é fiel às suas palavras pode ser aceitável. Quando falta um alfinete na barra de jugo de um carrinho grande ou na barra de colarinho de um carrinho pequeno, como se pode esperar que o carrinho avance?

"A integridade sem conhecimento é fraca e inútil, e o conhecimento sem integridade é perigoso e terrível", disse uma vez o dr. Samuel Johnson. Claramente, a integridade por si só nunca será suficiente: é o alicerce, mas não a verdadeira casa da liderança.

A disposição de enfrentar um poderoso chefe de estado quando ele ou ela começa a liderar na direção errada é o teste da integridade de um ministro, mas se aplica, além do âmbito do governo, a todos os contextos de trabalho. Todos os membros da equipe, associados ou colegas não devem temer falar a verdade aos seus líderes se a ocasião assim o exigir:

> Tzu-lu perguntou sobre a forma de servir um lorde. O Mestre disse:
> — Certifica-te de que não estás sendo desonesto com ele quando o enfrentares.

Para Confúcio, a fundação de qualquer governo é a confiança do povo. Ele teve a sabedoria de ver que esse princípio se aplicava a todos os Estados, qualquer que fosse a sua forma de governo. Em última análise, ele percebeu que qualquer governo depende da confiança, se não do consentimento do povo.

E, como Confúcio ensinou incansavelmente, os governantes ignoram esse princípio por sua conta e risco. Por mais que um governo preveja a proteção de seu povo ou seu sustento, se negligenciar a confiança mútua entre ele e seus súditos, a própria fundação de uma sociedade civilizada está ameaçada.

> Tzu-kung perguntou sobre o governo. O Mestre disse:
> — Dá-lhes comida suficiente, dá-lhes armas suficientes, e as pessoas comuns terão confiança em ti.
> Tzu-kung disse:
> — Se alguém tivesse que desistir de um destes três, de qual deveria desistir primeiro?
> — Entreguem as armas.
> Tzu-kung disse:
> — Se alguém tivesse de desistir de um dos dois restantes, qual deles deveria desistir primeiro?
> — Desista da comida. A morte sempre esteve conosco desde o início dos tempos, mas, quando não há confiança, as pessoas comuns não terão nada em que se apoiar.

Na liderança, o exemplo é tudo. Como diz o provérbio mouro, quando o pastor é corrupto, assim é o seu rebanho.

Chi K'ang Tzu sucedeu seu pai como ministro-chefe da casa de Confúcio, no estado natal de Lu, em 492 a.C., ocupando o cargo por mais de 25 anos. Em várias ocasiões, pediu conselho a um vizinho já conhecido por sua sabedoria prática.

> A incidência de ladrões foi uma fonte de problemas para Chi K'ang Tzu, que pediu o conselho de Confúcio. Confúcio respondeu:
> — Se você não fosse um homem de desejos, ninguém roubaria mesmo que o roubo fosse recompensado.

A frase "um homem de desejos" é bastante obscura. Neste contexto, significa, provavelmente, ganância, cobiça e corrupção. Todos eles equivalem ao que é essencialmente roubo, pois um governante, ministro ou oficial corrupto está de fato roubando dinheiro de seu próprio povo. Eles são tão culpados quanto um ladrão comum, mesmo que o ato ocorra em segredo e muitas vezes escape do tipo de escrutínio que leva à justiça.

Confúcio, como sempre, enfatiza para aqueles que vieram a ele para orientação sobre como se tornar bons líderes e líderes para o bem, o poder do bom exemplo. Quanto mais alto estiver, dizia ele, maior sua sombra — a influência do exemplo que você dá. Se as pessoas veem aqueles que ocupam posições de liderança tomando seus próprios atalhos ilegais ou imorais para a riqueza, por exemplo, buscando subornos ou agindo corruptamente de outras formas, não serão tentados a seguir o exemplo? Claro que sim, especialmente se virem os seus melhores amigos a se safarem com isso. Tal é o poder do mau exemplo.

No entanto, dado o bom exemplo por parte dos seus líderes, poucas pessoas recorrerão ao roubo ou — por extensão — à práticas corruptas. E será esse o caso mesmo que — acrescenta Confúcio, sem dúvida com um sorriso — lhes tenha sido oferecida uma recompensa considerável por isso.

É verdade? Funciona? Claro que sim. O profeta Maomé e os primeiros quatro califas do Islã, por exemplo, viveram vidas simples e foram escrupulosos em todas as questões financeiras, e a corrupção era desconhecida nos Estados muçulmanos da sua época. O primeiro presidente de Botswana e os seus três sucessores combateram a corrupção e, como resultado, Botswana tornou-se a nação menos corrupta da África.

* * *

Líderes políticos com tal integridade brilham como estrelas na sua geração, por mais escuro que seja o céu. Sobre Joseph Addison (1672-1719), por exemplo, que ocupava um cargo político, seu amigo e colega poeta Alexander Pope poderia escrever:

> *Homem do Estado, mas amigo da verdade; da alma sincera,*
> *Na ação fiel, e na honra clara;*
> *Que não quebrou nenhuma promessa, não serviu nenhum fim privado,*
> *Que não ganhou nenhum título, e não perdeu nenhum amigo.*

Assim foi George Washington (1732-1799), primeiro presidente dos Estados Unidos e um exemplo de retidão para todos os seus sucessores — alguns dos quais lançaram a tocha. Em uma carta a James Madison, Washington escreve: "Diz um velho ditado que a honestidade é a melhor política. Isso se aplica tanto à vida pública quanto à vida privada, tanto aos Estados quanto aos indivíduos."

A forte presença de ambição em uma pessoa — quero dizer, a ambição no sentido pejorativo de um esforço desordenado após alcançar status e riqueza — geralmente irá testar a sua integridade. Pois a promessa de atalhos para o topo à custa dos valores morais de cada um é, por vezes, demasiado tentadora. No entanto, aqueles que sacrificam sua integridade no altar da ambição podem muito bem viver para se arrependerem amargamente. Como diz um provérbio chinês, *aquele que sacrifica a sua integridade para alcançar a sua ambição queima uma imagem para obter as cinzas.*

* * *

Você deve ser a mudança que deseja ver no mundo.

MAHATMA GANDHI

9
Firme e exigente, mas justo

*Ao meu Deus,
um coração de chama;
aos meus companheiros seres humanos,
um coração de amor;
a mim mesmo,
um coração de aço*
SANTO AGOSTINHO

Em uma licença sabática durante meu tempo em Sandhurst, passei um ano como o primeiro diretor de estudos na St. George's House do Castelo de Windsor. Uma das minhas tarefas foi conceber e ministrar o primeiro curso destinado a preparar clérigos selecionados para serem futuros líderes da Igreja da Inglaterra. Principalmente com o objetivo de ganhar apoio para o projeto, encontrei uma seleção dos bispos diocesanos que estavam no cargo. Um deles, o bispo de Manchester, deu-me uma lista do que ele considerava serem as seis principais prioridades da Igreja. Na lista, reparei em "cuidar dos mortos".

— Como é que se faz isso? — perguntei ao bispo.
— Não sei — respondeu ele.

Naquela noite, na St. George's House, depois de uma ceia, notei uma jovem mulher alta, sozinha na sala onde o café era servido. Na conversa, ela me disse que, tendo trabalhado por algum tempo como enfermeira, havia se qualificado recentemente como médica. O seu interesse especial era cuidar dos moribundos — como era necessário naqueles dias — e com um entusiasmo tranquilo partilhou comigo a sua visão para uma grande expansão dos hospícios no Reino Unido e no mundo em geral. O nome dela, descobri, era Cicely Saunders.

Graças em grande parte à liderança de Cicely ao longo dos anos seguintes, o movimento dos hospícios surgiu e ganhou amplo apoio público. Ao longo do tempo, a National Portrait Gallery em Londres encomendou um retrato de Cicely Saunders e ela assistiu à cerimônia de inauguração. Uma das suas amigas estava ao seu lado, olhando para o retrato.

— Cicely — ela acabou por dizer —, espero que não se importe que eu diga isso, mas você parece bastante severa.

— Sim — respondeu Cicely Saunders — sim, suponho que sim. Amor e aço.

* * *

Todos os verdadeiros líderes têm os dois elementos neles: amor e aço. Por "aço", entendo a dureza, que significa ser firme, forte ou, nesse contexto, resiliente. Você deve se lembrar de que no julgamento de Xenofonte ao general grego Proximus, por exemplo, não havia dureza.

A dureza de um líder não deve ser arbitrária: deve ser um reflexo da dureza ou da exigência da tarefa. Lembre-se de que os Três Círculos se sobrepõem. Se um líder exigir o impossível e assim assegurar o melhor no círculo de tarefas, então haverá efeitos transformacionais nos círculos da equipe e individuais. Em nenhum outro lugar esse princípio é melhor ilustrado do que no domínio da música orquestral.

* * *

Enquanto eu estava na St. Paul's School, que é uma escola diurna, sir Thomas Beecham usou o grande salão vazio nas manhãs de sábado para ensaiar a Orquestra Filarmônica Real. Com a permissão dele, assisti a esses ensaios, prestando atenção em Beecham como líder. O que me fascinou foi como Beecham alcançou resultados com tão poucas palavras. Falando em retrospectiva, muito mais tarde, um dos membros da orquestra — o célebre clarinetista Jack Bryman — pôs o dedo na ferida: "Para Beecham, a condução era uma arte coreográfica silenciosa. Quando ele olhava para você, você sabia exatamente o que fazer. A maior parte da magia dele estava no olho, não na batida."

Outro grande maestro, Otto Klemperer, também esperava o melhor de seus músicos. Ele não era dado a demonstrar sentimentos, mas, depois de certo ensaio, ficou satisfeito o suficiente com o resultado quando saiu do palco e disse com um sorriso: "Bom." Depois de alguns momentos de surpresa silenciosa, a orquestra encantada levantou-se e aplaudiu. Klemperer, que tinha retomado a sua caminhada, virou-se novamente e disse: "Não *tão* bom".

O que Klempererer, penso eu, está fazendo é impedir que a orquestra fique satisfeita consigo mesma: para ser grande, uma orquestra precisa de grande humildade. Na música se toca ocasionalmente as estrelas, mas não há lugar para morar lá.

Sir Neville Marriner, que já tocou na Orquestra Sinfônica de Londres em seus primeiros anos como músico, lembra-se do impacto de Leopold Stokowski, um condutor britânico, nascido americano, de ascendência polaca:

> Em cerca de três dias conseguiu nos transmitir a noção de que éramos uma grande orquestra. Nos deu uma enorme confiança e de repente

percebemos, em um concerto no Festival Hall, que poderíamos alcançar, tínhamos acabado de alcançar, uma grande performance, e que podíamos alcançá-la tão facilmente como qualquer outra orquestra do mundo. Penso que foi um excelente ponto de virada para a orquestra, de repente, ter esta confiança em uma única atuação.

A partir desse momento, a LSO nunca mais olhou para trás — foi extraordinário. O que ele fez? Colocou mais responsabilidade sobre os músicos do que antes. Ele lhes disse mais ou menos: "Essa é a sua orquestra e, se querem que seja boa, então têm de se apresentar. Farei o meu melhor para que isso aconteça, mas a responsabilidade é sua." Ele tinha uma capacidade notável de focar a emoção de uma orquestra inteira. A sua personalidade era imensamente forte.

Esse elemento de exigência em um condutor pode produzir grandes desempenhos. Como diz sir Georg Solti:

No meu entusiasmo e intensidade, vou muitas vezes empurrar as pessoas para o limite das suas capacidades — e isso deve implicar um certo grau de risco. A grande coisa é que o risco compensa quando essa pessoa de repente encontra algo em si mesma que não sabia que estava lá.

Acredito, particularmente com grandes músicos com quem pude colaborar, que o céu deve ser o limite. E, portanto, como eu estou preparado para correr riscos e me lançar ao limite, por que eles não deveriam seguir?

Os melhores maestros realmente não são os egoístas, que se apresentam, e não suas orquestras, como a estrela do show. Como o excelente líder Lau Tzu — "Quando o seu trabalho estiver feito, as pessoas dirão: 'Fomos nós que fizemos isso'" —, os maiores condutores são autossuficientes. E, a esse respeito, são um modelo para os líderes modernos a todos os níveis. Isso é bem expresso pelo eminente maestro americano-estoniano Paavo Järvi:

O sucesso como maestro não tem nada a ver com movimento. Tem tudo a ver com a persona, a personalidade e a capacidade da pessoa de se comunicar com os músicos e transmitir suas ideias. A força do desempenho vem na transmissão de seu envolvimento no processo, em vez de ser um deus que usa o chicote com a capacidade de abrir e fechar a porta. Deve ser alguém que abraça e ajuda a orquestra. A liderança mais eficaz, para mim, é a liderança que não se parece com liderança. O momento em que alguém entra olhando e soando como um "líder", isso é bastante suspeito para mim. Você deve ser parte do processo — tão convencido pelo que está fazendo que os outros não tenham escolha a não ser segui-lo. É intuição e personalidade. Tem de encorajar as pessoas a se abrirem, seduzi-las a lhe seguir, não assustá-las. Esse é um grande líder!

A dureza e a exigência, por mais benignas que sejam as suas finalidades, têm de ser equilibradas pela justiça e pela equidade. "Justiça" deriva do latim jus; e "justo"[3] é inglês antigo por origem. Embora no inglês moderno tenham conotações ligeiramente diferentes, essencialmente referem-se à mesma coisa. O advogado romano Justiniano expressou-o em poucas palavras: *A justiça é a vontade constante e incessante de dar todos os seus direitos ou deveres*. Um ilustre senhor presidente de justiça da Inglaterra, Lord Denning, descreveu a justiça como uma coisa espiritual sem definição satisfatória ou precisa, embora, como uma definição de trabalho, ele tenha proposto que *"era o que homens e mulheres de pensamento correto acreditam ser justo"*.

A equivalência, o valor igual de dar e receber, parece ser uma norma orientadora nas relações humanas, o que não quer dizer que seja sempre assim. Como você pode ter observado, poucas relações humanas têm perfeita simetria a esse respeito; elas podem tê-la por um tempo, mas o tempo e a mudança têm uma maneira de alterar o equilíbrio.

---

3. No original: "justice" e "fair". Em português "fair" também pode ser traduzido como "honesto" ou "correto". (N. do E.)

Certamente há razões para dizer que o nosso instinto de reciprocidade equivalente é uma questão de natureza e cuidado. Acho fascinante que nos primeiros seis meses de vida de um bebê humano, a mãe dê objetos para o bebê e ele os pegue. Gradualmente, o bebê é encorajado a devolvê-los. Quando o bebê tem cerca de doze meses de idade, essas trocas que envolvem dar e receber tornam-se mais ou menos iguais. A troca de sorrisos provavelmente segue o mesmo padrão. As mães gorilas e os seus bebês não apresentam esse padrão particular de comportamento com as suas crias. Mas a personalidade não é um atributo de gorila, ou pelo menos no vestígio.

Existem dois grandes tipos de contratos: contratos falados ou escritos e contratos não falados ou não escritos. Os primeiros são acordos *explícitos*, por vezes exatamente explicitados em todos os seus detalhes, para que não haja espaço para ambiguidade ou razão para dificuldade de interpretação. Trabalho para advogados aqui! Em contrapartida, um "contrato" *implícito* é deixado em grande parte por explicar. Como princípio geral, quanto mais impessoal for a relação, mais tendemos a tornar o contrato explícito. Quanto mais pessoal for a relação de papéis — como aquelas que vivemos no seio das famílias e entre amigos ou vizinhos —, mais confiamos na compreensão e confiança mútuas não ditas: pois os papéis são compostos por expectativas mútuas, que incluem a equidade. Todas as crianças esperam fatias iguais do bolo de aniversário.

É um erro pensar que a justiça e a equidade — esse elemento impessoal oculto em nossas relações — sejam antitéticas, inferiores ou secundárias à relação pessoal. A conexão adequada entre elas é que a primeira é uma condição necessária para a segunda. É a linha de base da música, e a música é perfeita harmonia. William Temple, arcebispo de Cantuária durante a Segunda Guerra Mundial, capta esse princípio para nós:

> A justiça é a primeira expressão do amor. Não é algo contrário ao amor, que o amor mitiga e suaviza. É a primeira expressão dela que deve

ser satisfeita, antes que as outras e mais elevadas expressões possam encontrar seus lugares.

Ou, como diz Tomás de Aquino: "A graça não destrói a natureza, mas a aperfeiçoa." No entanto, deve-se recordar que a justiça e a equidade — como todas as outras "graças do rei" — são aquilo que os filósofos chamam de *ideais reguladores*. Servem para inspirar ou orientar o nosso comportamento e evitar que as nossas mentes caiam no erro. Mas, na prática, nem sempre conseguiremos acertar as coisas — seja justiça ou amor.

Tome coragem para perseverar. No entanto, pela visão de Tolstói, sim, somos seres humanos e não deuses. Sim, por vezes falhamos o alvo quando se trata de justiça ou equidade. No entanto, existe uma diferença real entre uma pessoa justa e uma pessoa injusta, entre uma pessoa amorosa e uma pessoa sem amor. Como diz Tolstói:

> Nem uma única pessoa pode ser completamente justa em todas as suas ações, mas uma pessoa justa pode ser completamente diferente de um injusto em seus esforços, da mesma forma que um homem verdadeiro é diferente de um mentiroso, em seus esforços para falar apenas a verdade.

10
Calor e humanidade

*A melhor parte da vida de um bom homem:
seus pequenos, não memoráveis, atos
de bondade e amor*
WORDSWORTH

Vidas de líderes não estão sem registro de pequenos atos de bondade. Para a ambiciosa e esquemática Lady Macbeth na peça de Shakespeare — como para todos os maquiavélicos — a bondade que sentiu no marido é vista como fraqueza.

— Mesmo assim temo a sua natureza — ela lhe diz. — Está demasiado cheio do leite da bondade humana para pegar o caminho mais fácil.

Bondade é a qualidade de estar interessado no bem-estar dos outros, honestamente preocupado e compassivo para com eles quando caem em necessidade, desejo ou qualquer outra aflição. Em outras palavras, é a humanidade, ou a humanidade apropriada para o homem como um ser racional, social e sensível. E, como o leite materno, o "leite da bondade humana" é quente quando servido: toque, calor, comida

No contexto do modelo dos Três Círculos, a qualidade da bondade aparece mais frequentemente em relação ao círculo das Necessidades Individuais. Em circunstâncias normais, as necessidades de um indivíduo são satisfeitas — de uma forma ou de outra — pela participação na tarefa e na equipe. Mas os indivíduos são fins e meios. Essa é a razão, aliás, pela qual o Círculo Individual aparece com o mesmo tamanho da Tarefa e da Equipe no modelo dos Três Círculos.

* * *

Um capitão que serviu com os almirantes Nelson e Collingwood descreve-os como sendo "duros como os postes do leme, homens que consideravam uma chuva de balas de canhão como se fossem de flocos de neve". Mas, acrescentou ele: "São tão ternos como as mocinhas da escola." E Collingwood, por sua vez, disse de Nelson: "Na vida privada, ele era gentil."

Um dia, por exemplo, Nelson tinha remado do seu principal navio, o *Victory*, para uma fragata próxima, onde dois pobres companheiros, suspeitos de fingir loucura para garantir uma dispensa antecipada, estavam deitados presos em correntes de ferro depois de terem tentado cometer suicídio. Nelson sentou-se ao lado deles e ouviu suas histórias. Ele então se ofereceu para pagar £50 do próprio bolso (o equivalente hoje a £4,000) para enviar o marinheiro mais novo, cuja doença mental ele pensava poder ser curável, para um hospital para tratamento. Dispensou ambos os homens do serviço por motivos compassivos.

Em outra ocasião, Nelson se esforçou para ajudar o filho desobediente de um de seus camaradas mais próximos, revela uma carta recém descoberta.

Três semanas antes da Batalha de Trafalgar, em 29 de setembro de 1805, o capitão Charles Tyler disse a Nelson durante o jantar no HMS *Victory* que seu filho, o tenente Charles Tyler, tinha fugido com uma dançarina de Malta. No dia seguinte, Nelson escreveu ao capitão, tranquilizando-o: "Vamos apanhá-lo [seu filho] antes do fim do tempo". O tenente Tyler foi localizado em uma prisão de devedores em Nápoles, e Nelson escreveu a um contato, o capitão Frank Sotheran, pedindo sua libertação. Nelson pagou a dívida do tenente com o próprio dinheiro. Como estas duas histórias ilustram, Nelson exemplificou mais uma das "qualidades do rei digno" de Shakespeare — *generosidade* ou liberalidade graciosa. Uma generosidade tão calorosa muitas vezes anda de mãos dadas com a compaixão.

Em público — no convés — líderes como Nelson e Collingwood usam a máscara de comando. Tanto oficiais quanto marinheiros observaram uma distância social, uma adesão disciplinada aos papéis que tornou possível a relação de convivência amigável, mas impediu a facilidade de abordagem que chamamos de familiaridade. Foi uma lição de liderança que os oficiais recém-nomeados aprenderam com o exemplo — bom ou mau.

Como um jovem tenente da Marinha Real nos dias de Nelson, William Dillon experimentou esse tipo de familiaridade. Numa ocasião, por exemplo, viu dois ou três marinheiros entrarem na cabine do capitão na sua fragata "com tanta liberdade como se estivessem nas suas próprias casas e falaram com o seu capitão nos tons mais familiares". Ele parecia encorajar tudo isso, enquanto lhes chamava Tom, Jack e Bill. "O meu plano de ação" — continua Dillon — "era diametralmente oposto a isso. Há um certo comportamento que, regulado pela *firmeza e moderação*, nunca deixa de produzir o seu objeto. Com base nesse princípio, evitei linguagem abusiva, mas nunca deixei de repreender os negligentes." Ele terminou a sua carreira como almirante sir William Dillon. Collingwood, como Dillon, evitou linguagem abusiva e insistiu para que seus oficiais e suboficiais de mandado fizessem o mesmo. Ele insistiu para que eles se dirigissem aos marinheiros pelo nome ou como "marinheiros", abstendo-se de praguejar sobre eles ou de atingi-los com uma corda ou uma bengala. Nos seus navios, o respeito mútuo estava na ordem do dia.

Em meu serviço na Guarda Escocesa, acidentalmente encontrei quase a mesma coisa. A disciplina da natureza que Dillon descreve cria efetivamente liberdade — liberdade para uma certa simpatia fora de serviço que não acarreta qualquer perigo de familiaridade. Há um bom exemplo da Brigada de Guardas na Guerra da Crimeia (1853-6). Naquela campanha, o coronel Hood, da Grenadier Guards, repreendeu o jovem capitão George Higginson em mais de uma ocasião. Uma vez, por exemplo, quando Higginson providenciou comida para os homens e os deixou para ir comer, Hood o repreendeu porque não tinha esperado para ver se tinham comido o suficiente.

Poucos dias depois do incidente, os Grenadiers estavam fazendo as trincheiras antes de Sevastopol; uma bola de canhão russa atingiu o coronel Hood no peito, matando-o instantaneamente. Nessa noite, Higginson pegou na caneta para escrever uma carta de condolências à viúva de Hood:

> Perdemos um homem cuja firmeza e liderança calma foram muito evidentes na batalha de Alma. [...] Embora de natureza reservada, ele a cedeu livremente, às vezes, a um amor de intercurso amigável. Eu tinha vivido em termos da maior intimidade com ele, e, embora ele me tratasse em todas as questões de dever com uma certa severidade, sua gentileza e linguagem enquanto estávamos apreciando nossas refeições simples juntos confirmaram minha crença inicial de que nele eu tinha encontrado um verdadeiro amigo.

Essa mesma nota de amizade calorosa permeia uma carta do capitão Alexander Schomberg (1720-1804), oficial comandante do HMS *Diana*, de 32 canhões, escrita enquanto ele estava na estação nas Índias Ocidentais. É dirigida a um marinheiro chamado William Page, que perdeu a mão em um acidente, ao disparar um canhão. Enquanto se recuperava na Inglaterra, Page tinha escrito ao seu capitão pedindo um mandado para que ele pudesse se tornar um cozinheiro — o posto tradicionalmente ocupado por marinheiros que perderam um braço ou uma perna no mar. Schomberg responde:

Meu rapaz, recebi sua carta de 28 de janeiro e aproveito esta primeira oportunidade para respondê-la. Escreva a sua petição, especifique o seu acidente nela e envie a carta anexa ao sr. Cleveland, sec. do Almirantado, e não tenho dúvidas de que o seu negócio será resolvido. Eu vou para o mar ao primeiro vento que se ofereça e ficarei feliz em saber que você está estabelecido. Eu sou, meu rapaz, seu amigo e benfeitor.

* * *

Uma consequência não intencional de tais "pequenos e imemoráveis atos de bondade e amor" é que a palavra, de uma forma ou de outra, fala sobre o caráter interior do líder em questão. E, como somos seres recíprocos, evoca uma resposta semelhante. Essa frota britânica que entrou em ação em Trafalgar, por exemplo, partilhava em comum o amor pelo almirante Lord Nelson. Como Plutarco disse no primeiro século depois de Cristo: "a evidência da confiança gera confiança, e o amor é recíproco pelo amor." Dezesseis séculos mais tarde, o divino inglês Richard Baxter ecoa as suas palavras:

> *Eu vi que aquele que será amado deve amar; e aquele que prefere ser mais temido do que amado, deve esperar ser odiado, ou amado, mas em menor proporção. O que quiser ter filhos deve ser pai; e o que quiser ser tirano deve contentar-se com os escravos.*

11
HUMILDADE

*O conhecimento é orgulhoso por ter aprendido tanto;
a sabedoria é humilde por não saber mais*
WILLIAM COWPER

Ser humilde significa ser notoriamente desprovido de todos os sinais de orgulho, arrogância, autoafirmação ou vaidade. Considerando que a modéstia é uma característica da personalidade — revelada na forma como uma pessoa fala de si mesma ou de suas realizações — a humildade é uma qualidade de caráter. Só conhecendo bem uma pessoa é que se pode sentir a presença de humildade nela.

Na verdade, não é fácil fazê-lo, porque a humildade não é evidenciada por sinais exteriores como a autodepreciação não solicitada — o ato de se depreciar ou menosprezar a si próprio. Há celebridades que, nas palavras de Shakespeare, "soam todas as notas básicas de humildade", mas em particular são tão orgulhosas quanto Satanás.

C. S. Lewis, lúcido como sempre, em *Cristianismo puro e simples* (1952) aponta para a ocultação desta qualidade:

Não imagine que, se você encontrar um homem realmente humilde, ele será o que a maioria das pessoas chama de "humilde" hoje em dia: ele não será uma espécie de pessoa escorregadia, bajuladora, que está sempre lhe dizendo que, naturalmente, ele não é ninguém. Provavelmente tudo o que você vai pensar é que ele parecia um cara alegre e inteligente que se interessa realmente pelo que você disse a ele. Se você não gostar dele, será porque sente um pouco de inveja de alguém que parece desfrutar a vida tão facilmente. Ele não estará pensando em humildade, não estará nem pensando em si mesmo.

Dag Hammarskjöld é talvez o líder dos tempos modernos que refletiu mais profundamente sobre o significado de humildade. Em seu diário privado, a humildade é um tema central. Mais tarde publicado postumamente em sueco com o título de *VägMärken* ("marcas do caminho") — como os monumentos de pedra que guiam o caminhante caído por caminhos nevados ou cobertos de névoa — e em inglês como *Markings*, o diário contém, por exemplo, esta observação sobre humildade.

29.7.59
A humildade é tanto o oposto da autohumilhação quanto da autoexaltação. Ser humilde *não é fazer comparações*. Seguro em sua realidade, o eu não é melhor nem pior, maior nem menor, do que qualquer outra coisa no universo. É — não é nada, mas ao mesmo tempo é um com tudo. Neste sentido, humildade é uma absoluta modéstia.

O grande oleiro japonês, Hamada, referiu-se à humildade como "perder a cauda" — a cauda sendo um egoísmo excessivo. Aliás, há uma fina distinção na língua inglesa entre *egoísmo e egotismo*. O *egoísmo* enfatiza a concentração em si mesmo, nos seus interesses e nas suas necessidades; geralmente implica o interesse próprio, especialmente em oposição ao altruísmo ou ao interesse pelos outros, como a fonte interior dos seus atos ou como a medida de todas as coisas que julgamos.

O *egotismo* enfatiza a tendência de chamar a atenção e centrar o interesse em si mesmo, em seus pensamentos ou em suas realizações. É um traço difícil de disfarçar, pois se manifesta na prática de falar continuamente de si mesmo, geralmente com um uso excessivo de "eu" e "mim".

Um curso de curta duração sobre liderança

As seis palavras mais importantes: "Eu admito que cometi um erro".
As cinco palavras mais importantes: "Eu estou orgulhoso de você".
As quatro palavras mais importantes: "Qual a sua opinião?".
As três palavras mais importantes: "Se você puder".
As duas palavras mais importantes: "Muito obrigado".
A palavra mais importante: "Nós".
E a palavra menos importante: "Eu".

* * *

O presidente Dwight D. Eisenhower enfatizou o valor da humildade na liderança: segundo ele, "um senso de humildade é uma qualidade que tenho observado em todos os líderes que admiro profundamente".

Minha própria convicção é que cada líder deve ter humildade suficiente para aceitar, publicamente, a responsabilidade pelos erros dos subordinados que ele mesmo selecionou e, da mesma forma, para dar-lhes crédito, publicamente, por seus triunfos. Estou ciente de que algumas teorias populares de liderança defendem que o homem entre os melhores deve sempre manter a sua "imagem" luminosa e brilhante. Acredito, no entanto, que, a longo prazo, a justiça, a honestidade e uma atitude generosa para com os subordinados e associados, compensam.

A liderança que Eisenhower exerceu como comandante supremo na Europa nos últimos anos da Segunda Guerra Mundial refletiu estes valores. Nas palavras do orador público da Universidade de Cambridge, quando Eisenhower recebeu um título honorário: "Ele se mostrou como tal exemplo de sabedoria bondosa, tal combinação de propósito sério, humanidade e cortesia, que os outros logo não tiveram outro pensamento em suas mentes senão trabalhar com uma vontade comum para o sucesso de todos."

* * *

"Qualquer líder que valha o seu sal", acrescenta Eisenhower, "deve, naturalmente, ter uma certa quantidade de ego, um orgulho justificável em suas próprias realizações. Mas, se ele é realmente um grande líder, a causa deve predominar sobre si mesmo". Um velho e respeitado comandante meu costumava dizer: "Leve sempre o seu trabalho a sério, nunca a si próprio." Encontramos esse mesmo princípio — primeiro o emprego, segundo o eu — expresso por um dos grandes oradores políticos do século XIX, William Ewart Gladstone (1809-98), primeiro-ministro da Inglaterra:

> Temos de respeitar as nossas responsabilidades, não a nós mesmos.
> Devemos respeitar os deveres que somos capazes de realizar e não as nossas capacidades simplesmente consideradas.
> Não deve haver autoavaliação complacente, ruminação em si mesmo.
> Quando o eu é visto, ele deve estar sempre na mais íntima conexão com seu propósito.

Gladstone reverbera a mesma nota que Eisenhower: a prioridade do papel de alguém como líder em um grande cargo é o contexto dominante para quaisquer considerações de si mesmo ou sobre si mesmo.

Esse conselho dado a Eisenhower por seu velho e respeitado amigo sublinha a importância de um líder, especialmente nos níveis mais altos: manter seu senso de humor, pois o humor mantém as coisas em proporção; é o antídoto para qualquer forma de autoimportância.

Lady Violet Bonham Carter, uma amiga que superou sua reação crítica negativa à personalidade de Churchill e acabou admirando-o e gostando dele, lhe disse uma vez: "Winston, você tem de se lembrar de que é apenas um verme, como todos nós." Churchill pensou por um momento e depois respondeu com um riso característico: "Sim, sou um verme — mas acredito que sou um *verme brilhante!*"

Se você sente que a humildade está além do seu alcance, assegure-se de manter o senso de humor!

> *O sentido se ilumina com duplo brilho quando e define na humildade. Um homem capaz, mas humilde, é uma joia que vale um reino.*
>
> WILLIAM PENN

12
O LÍDER ESTRATÉGICO

Dux erat ille ducum (Ele era líder de líderes)
OVÍDIO (43 A.C - 17/18 D. C), HEROIDES

Um líder estratégico é essencialmente o líder de uma organização. Um líder estratégico *eficaz* é aquele que entrega os bens em termos do que uma organização espera naturalmente da sua liderança, em tempos de mudança.

Há uma unidade subjacente na liderança estratégica, qualquer que seja o campo em que se encontre e por mais estruturado ou desestruturado que seja o seu trabalho nele. Walter Bagehot, um banqueiro, economista e jornalista do século XIX, famoso por suas ideias sobre economia e questões políticas, entendeu bem isso:

> Os cumes dos vários tipos de negócios são como os cumes das montanhas, muito mais parecidos do que as partes inferiores — os princípios, apenas, são muito parecidos; são apenas os ricos detalhes dos estratos inferiores que tanto contrastam entre si.

Mas é preciso viajar para saber que os picos são os mesmos. Aqueles que vivem em uma montanha acreditam que sua montanha é totalmente diferente de todas as outras.

Um provérbio chinês expressa essa verdade de forma mais sucinta:

Há muitos caminhos para o topo da montanha.
Mas a vista é sempre a mesma.

Portanto, você pode tirar lições e insights de muitas fontes, a fim de crescer como um líder estratégico. Para isso, no entanto, é necessário *um vasto leque de relevância*. Quero dizer que, naturalmente, procuramos exemplos ou estudos de caso no nosso próprio domínio, como o das empresas ou da educação, e pensamos que só estes são relevantes para a nossa situação. Mas você deve ser capaz de ver relevância para a sua situação nos exemplos de, digamos, um maestro de orquestra ou um general grego. É o mesmo princípio, aliás, que está por trás do pensamento criativo: as faíscas de significado saltam entre duas ou mais coisas aparentemente desconexas para produzir novas ideias. Também é divertido pensar assim.

ORIGENS MILITARES DA LIDERANÇA ESTRATÉGICA

Originalmente, estratégia (*strategia* em grego) significava liderança estratégica — a arte de ser um comandante-chefe.
    A "estratégia" é, de fato, constituída por duas palavras gregas antigas. A primeira parte vem de *estratos*, o que significa um exército espalhado como no acampamento, e assim um grande corpo de pessoas. A segunda parte, *-egy*, vem do verbo grego "liderar". Há uma marca de respiração áspera no grego, dando um som de *h*, que explica a ortografia da palavra inglesa "hegemonia" — que significa a liderança de uma nação sobre as outras —, derivada dela.

A questão emerge claramente em uma conversa que Sócrates, de acordo com Xenofonte, teve uma vez com um soldado chamado Nicomaquides.

— Porque — replicou Nicomaquides — os mercadores também são capazes de ganhar dinheiro, mas isso não os torna capazes de comandar um exército!

— Mas — respondeu Sócrates — também Antístenes está ansioso pela vitória, e esse é um bom ponto em geral. Sempre que ele foi mestre de coro, o seu coro ganhou.

— Sem dúvida — admitiu Nicomaquides —, mas não há analogia entre a gestão de um coro e de um exército.

— Mas veja — disse Sócrates —, embora Antístenes não saiba nada sobre música ou treinamento de coral, ele se mostrou capaz de encontrar os melhores especialistas nessas atividades. E, portanto, se ele encontrar e preferir os melhores homens na guerra como no treinamento do coro, é provável que seja vitorioso nisso também; e provavelmente estará mais pronto para gastar dinheiro para ganhar uma batalha com todo o estado do que em ganhar uma competição coral com sua tribo.

— Quer dizer, Sócrates, que o homem que tiver êxito com um coro também terá êxito com um exército?

— Quero dizer que, seja o que for que um homem dirija, se sabe o que quer e pode conseguir, será um bom realizador, quer dirija um coro, uma propriedade, uma cidade ou um exército.

— Realmente, Sócrates — gritou Nicomaquides. — Nunca passaria pela minha cabeça ouvi-lo dizer que um bom homem de negócios daria um bom general!

Por seu método familiar de paciente contrainterrogatório, Sócrates então passou a assegurar a concordância de Nicomaquides de que empresários e generais bem-sucedidos desempenham as mesmas funções. Em seguida, Sócrates identificou seis dessas funções ou habilidades:

Selecionar a pessoa certa para o trabalho;
Castigar os maus e recompensar os bons;

Ganhar a boa vontade dos que estão abaixo deles;
Atrair aliados e ajudantes;
Manter o que ganharam;
Ser árduo e diligente no seu próprio trabalho.

— Tudo isto é comum a ambos — concordou Nicomaquides, e acrescentou —, mas lutar não é.

— Mas, certamente, ambos não vão encontrar inimigos? — disse Sócrates.

— Oh, sim, vão.

— Então, não é importante para ambos obter o melhor deles?

— Sem dúvida, mas você não diz como a habilidade nos negócios irá ajudar quando se tratar de lutar.

— É precisamente aí que será mais útil — concluiu Sócrates. — Porque o bom homem de negócios, através do seu conhecimento de que nada lucra ou paga como uma vitória no campo, e nada é tão totalmente não lucrativo e implica uma perda tão grande quanto uma derrota, estará ansioso por procurar evitar o que leva à derrota, estará pronto para enfrentar o inimigo se ele vir que é suficientemente forte para vencer, e, acima de tudo, evitará um compromisso quando não estiver pronto.

NÍVEIS DE LIDERANÇA

Um exército de mil é fácil de encontrar, mas como é difícil encontrar um general.

PROVÉRBIO CHINÊS

A liderança é discernível em três níveis amplos: equipe, operacional e estratégia. Estes constituem uma hierarquia natural em todas as organizações de trabalho, embora na prática os níveis tendam a se sobrepor e possam ser subdivididos de várias formas.

Felizmente, o mesmo papel genérico do líder — o modelo dos Três Círculos e as principais funções gerais — aplica-se a todos os níveis. O que muda com o nível, é claro, é o fator *complexidade* — complexidade, incidentalmente, em todos os círculos, pois o ambiente está constantemente mudando. Liderar uma *organização* é, portanto, semelhante e muito diferente de um pequeno *grupo de trabalho*. Assim, cada nível traz consigo um conjunto mais complexo de responsabilidades funcionais.

Estratégia	O líder de toda uma organização, com um número de líderes operacionais sob sua direção pessoal.
Operacional	O líder de uma das principais partes da organização, com mais de um líder de equipe sob seu controle. Já é um caso de ser um líder de líderes.
Equipe	O líder de uma equipe de até vinte pessoas com tarefas claramente especificadas para alcançar.

Uma receita simples para o sucesso organizacional é ter líderes excelentes — bem, pelo menos eficazes — ocupando essas funções e trabalhando juntos em harmonia como uma equipe. Isso apenas para dizer: não estou insinuando que seja fácil alcançar ou manter esse estado de coisas sob as pressões da vida de hoje. Mas qual é a alternativa?

Aliás, você deve sempre aspirar a ser uma equipe e líder operacional em espírito se não estiver no cargo, quando se tornar um líder estratégico. Por exemplo, você deve naturalmente criar trabalho em equipe no grupo superior, que incluirá o grupo sênior de líderes operacionais, para que se espalhe e imponha toda a organização.

Além disso, a liderança estratégica inclui a responsabilidade geral pela operação da organização — no contexto empresarial, significa entregar os bens ou serviços certos, sejam eles quais forem, no momento certo e ao preço certo: pois, como diz o provérbio: *um acre de desempenho vale um mundo de promessas*.

AS FUNÇÕES DA LIDERANÇA ESTRATÉGICA

O papel central em qualquer nível se abstrai em amplas funções derivadas do modelo dos Três Círculos que exploramos nos Capítulos 4 e 5. Com as três meta-funções — Alcançar a Tarefa, Construir a Equipe e Desenvolver o Indivíduo — em mente, parece haver sete funções genéricas de liderança estratégica. Nos meus livros *Effective Strategic Leadership* (2002) e *Strategic Leadership* (2010), descrevo e ilustro estas funções na íntegra, mas aqui está uma breve descrição de cada uma:

- Fornecendo direção

Saber para onde a organização precisa ir. Os três sinais aqui são propósito, por que ou para que fim geral a organização existe; visão, como ela deve se parecer em, digamos, três a cinco anos; e valores, a bússola moral. Você se guia por valores como se fossem estrelas, mas nunca os alcança — não são destinos.

- Acertar na estratégia e na política

A estratégia é o caminho para os destinos de longo prazo; ela se preocupa com o que é importante, não urgente, no contexto daquele estado de longo prazo no qual a organização deve focar. A estratégia aqui engloba o pensamento estratégico e o planejamento estratégico. As políticas são decisões gerais que ajudam os outros a poupar tempo na tomada de decisões.

- Fazendo acontecer

A função operacional ou executiva da liderança estratégica, que inclui sair do escritório para inspecionar o que está acontecendo, monitorar o progresso e analisar o desempenho em relação às metas acordadas no plano estratégico. Lembre-se, os resultados falam mais alto que as palavras.

- Organizar e reorganizar conforme necessário
Assegurar que a relação do todo com as partes da organização é ótima para a tarefa em questão.

- Liberando o espírito corporativo
Encorajar e entusiasmar as pessoas em todos os níveis e, sempre que possível, libertar a energia espiritual latente nas pessoas. O sintoma do sucesso aqui é uma moral elevada em todos os níveis e em todos os ramos.

- Relacionar a organização com outras organizações e com a sociedade como um todo
Encontrar aliados ou parceiros entre outras organizações, por vezes através de fusões e aquisições, e criar um espírito de trabalho cooperativo de equipe com eles; promover excelentes relações entre a organização e as comunidades locais, regionais, nacionais e/ou internacionais.

- Escolhendo os líderes de hoje e desenvolvendo os líderes de amanhã
Selecionar os melhores líderes operacionais e de equipe é uma função de importância crítica. O líder estratégico deve também "estruturar" um plano estratégico (desenvolvido com o chefe de recursos humanos e a equipe de liderança superior) para melhorar a capacidade de liderança em toda a organização. Tenha uma paixão por desenvolver líderes!

Como disse, o papel e as responsabilidades são, fundamentalmente, os mesmos em todos os níveis de liderança e em todas as categorias de trabalho. O que muda nos diferentes níveis é o grau de complexidade que o líder enfrenta. Essa complexidade não afeta apenas a natureza da tarefa — a transição daquilo a que os militares chamam de táticas para o nível da estratégia. As pessoas parecem mais complexas à medida que envelhecem e se tornam mais "políticas", e essa nova dimensão política — em seus sentidos positivos e negativos — pode sondar e testar os poderes de liderança de qualquer líder estratégico.

Há um produto final da verdadeira liderança: a equipe de alto desempenho. Se você está liderando uma equipe na linha de frente, uma parte significativa de uma organização, ou a organização como um todo, a evidência de sua eficácia está na qualidade da equipe que você constrói, mantém e lidera pelo exemplo. Nesse contexto, eis os principais critérios de sucesso:

Lembre-se de que sua principal responsabilidade é construir uma equipe de liderança de alto desempenho — líderes estratégicos, operacionais e de equipe — em sua organização.

AS OITO CARACTERÍSTICAS DE UMA EQUIPE DE ALTA PERFORMANCE

Objetivos claros, realistas e desafiadores

A equipe está concentrada no que tem de ser feito — dividida ao longo do tempo, mas com objetivos viáveis, tanto a nível individual quanto a nível de equipe. Todos sabem o que se espera deles.

Sentido de propósito compartilhado

Isso não significa que a equipe possa recitar a definição de missão em uníssono! O propósito aqui é energia mais direção — o que os engenheiros chamam de vetor. Deve animar e revigorar toda a equipe. Todos compartilham um senso de propriedade e responsabilidade pelo sucesso da equipe.

Melhor utilização dos recursos

Uma equipe de alto desempenho significa que os recursos são alocados por razões estratégicas para o bem de todos. Eles não são vistos como propriedade privada de qualquer parte da organização. Os recursos incluem as pessoas e o seu tempo, não apenas dinheiro e material.

Avaliação dos progressos
A disposição de monitorar seu próprio progresso e gerar melhorias caracteriza equipes excelentes. Essas melhorias abrangem o processo, como trabalhamos juntos, e as tarefas, o que fazemos juntos.

Baseada na experiência adquirida
A cultura da culpa destrói qualquer equipe. Erros serão cometidos, mas o maior erro de todos é não fazer nada para evitar não cometer nenhum! Uma equipe sábia aprende com o fracasso, percebendo que o sucesso não nos ensina nada e o sucesso contínuo pode gerar arrogância.

Confiança e apoio mútuos
Uma boa equipe confia em seus membros para prosseguirem a sua parte na tarefa comum. A apreciação é expressa e o reconhecimento é dado. As pessoas jogam com os pontos fortes umas das outras e cobrem as fraquezas umas das outras. O nível de apoio mútuo é elevado. A atmosfera é de abertura e confiança.

Comunicação
As pessoas ouvem umas às outras e se baseiam nas contribuições umas das outras. Elas se comunicam abertamente, livremente e com habilidade (de forma clara, concisa, simples e diplomática). Questões, problemas e fraquezas não são ignorados. As diferenças de opinião são respeitadas. Os membros da equipe sabem quando devem ser solidários e sensíveis, e quando devem desafiar e ser intelectualmente duros.

Dominando as tempestades
Em tempos de mudança turbulenta, nunca haverá uma navegação simples. Quando surgem tempestades e crises inevitáveis, uma excelente equipe está à altura do desafio e demonstra o seu valor inestimável. Tem resiliência.

* * *

Liderar uma equipe de alto desempenho em qualquer campo parece um privilégio, e aflora em todos, menos no mais egoísta entre nós, um senso de humildade.

O capitão de grupo Leonard Cheshire (1917-92), por exemplo, que recebeu a Cruz Vitória — o maior prêmio de cavalheirismo da Grã-Bretanha — por sua liderança de esquadrões de bombardeiros na Segunda Guerra Mundial, e depois fundou a Cheshire Foundation Homes para os deficientes graves, capturou esse espírito em uma sentença:

> Os líderes têm de existir, e pode parecer que se elevam acima dos seus semelhantes, mas nos seus corações eles sabem muito bem que o que lhes foi atribuído é, de fato, a realização da equipe à qual pertencem.

Ao trabalhar com uma equipe de alta performance — por menor ou maior que seja —, o verdadeiro líder se vê como não mais do que parceiro, como o que os antigos romanos chamavam de *primus inter pares:* o primeiro entre iguais.

Os líderes, como os maestros da orquestra, estão lá para permitir que todas as vozes ou instrumentos sejam ouvidos com o seu melhor efeito em harmonia. Seu papel como líderes em suas áreas específicas é identificar, desenvolver e usar todos os talentos de seu povo em uma sinfonia criativa de serviço ao bem comum.

> *Um líder é o melhor,*
> *Quando as pessoas mal sabem da sua existência,*
> *Não tão bom quando as pessoas elogiam o seu governo,*
> *Menos hábil quando as pessoas ficam com medo,*
> *Pior quando as pessoas são desprezíveis.*
> *Se não honrarem as pessoas, elas não os honrarão.*
> *Mas um bom líder, que fala pouco,*
> *Quando a sua tarefa é cumprida, o seu trabalho feito,*
> *As pessoas dizem: "Fomos nós que o fizemos!"*
> LAO TZU, SÉCULO V

13
SABEDORIA PRÁTICA

*Razão e calma no julgamento, as qualidades
especiais de um líder.*

TÁCITO

A fim de guiar um grupo, organização ou nação na direção certa, um líder precisa ter a habilidade de pensar claramente e decidir quando chegar a hora, o que poderia ser chamado de dimensão intelectual da liderança.

A razão prática, a intuição e a imaginação estão todas incluídas nessa rubrica. Mas não se trata apenas do líder ter alguns ou todos estes atributos. Ele ou ela tem que ser capaz de orientar um órgão de tomada de decisão, como um conselho de administração, cujos membros podem ter diferentes habilidades mentais, bem como diferentes personalidades e traços de caráter.

As reuniões de tomada de decisão devem ser comandadas de forma eficaz e profissional. A atmosfera do grupo também é importante, quando se trata de pensar em conjunto para obter resultados. Um bom líder permanecerá "neutro, calmo e recolhido", e pelo seu exemplo encoraja os outros a fazê-lo. Se as coisas correrem mal, ele ou ela aceita total responsabilidade pessoal.

A atividade principal é, sem dúvida, pensar. O empresário canadense Roy Thomson, que construiu um vasto império editorial e possuía o *The Times*, insistiu na sua importância. Em *After I Was Sixty* (1975), sua autobiografia, ele escreveu:

> Pensar é trabalho. As fases iniciais da carreira de um homem constituem um trabalho muito árduo. Quando surge uma decisão ou problema difícil, como é fácil, depois de analisá-lo superficialmente, desistir de pensar sobre ele. É fácil tirar algo da mente. É fácil decidir que é insolúvel, ou que alguém vai aparecer para nos ajudar. O pensamento descuidado e inconclusivo torna-se um hábito. Quanto mais se faz, mais se é incapaz de pensar um problema até uma conclusão adequada.
>
> Se tenho algum conselho a dar, como homem bem-sucedido, é este: se alguém quer ser bem-sucedido, deve pensar; deve pensar até doer. Deve se preocupar com um problema na mente até parecer que não haja outro aspecto que não tenha sido considerado. Acreditem em mim, isso é um trabalho árduo e pela minha observação atenta, posso dizer que há poucas pessoas que estejam preparadas para realizar esse trabalho árduo e cansativo.

Roy Thomson tinha claramente um grau de inteligência natural. E a isso acrescentou conhecimento e experiência na tomada de decisões em seu campo particular. "Ser bom em qualquer coisa", escreve ele, "requer muita prática, e para ser realmente bom em tomar decisões tem de se praticar muito. Quanto mais se está exposto à necessidade de tomar essas decisões, melhor se torna o processo."

Se as coisas correrem bem, raramente há lições aprendidas; fracassos, erros e contratempos tendem a ser muito mais instrutivos. Forçam-nos a rever os nossos processos de pensamento: "Onde foi que eu errei?" E este tipo de experiência — "conhecimento do bem conhecendo o mal" — é alimentado na formação cumulativa do seu julgamento. O único fracasso real é não aprender com o seu fracasso. Se o fizerem, então, *tudo vai até o núcleo* da sua mente em constante mudança, como Thomson descobre: "Tive de tomar algumas decisões importantes e, particularmente nos primeiros tempos, muitas vezes errei nessas decisões. Mas descobri mais tarde que os erros iniciais e, por sinal, as decisões corretas iniciais, me colocaram em boa posição. A maior parte dos problemas com que fui confrontado em Londres estavam, de uma forma ou de outra, relacionados com os problemas anteriores."

Nenhum líder escreveu mais claramente do que Roy Thomson sobre o papel que a mente inconsciente desempenha no processo contínuo de julgamento. Ele compara a sua mente a esse respeito com o funcionamento de um computador. Adota um tipo de ritmo no pensar, com pensamento consciente — análise de problemas — alternando com pensamento inconsciente, algo como um workshop invisível onde o processo de analisar, sintetizar e valorizar continua enquanto fazemos outras coisas:

> Mais tarde, quando surgisse um novo problema, eu pensaria sobre ele e, se a resposta não fosse imediatamente aparente, eu o deixaria ali por um tempo, e era como se ele fosse buscar no fluxo das sinapses do cérebro uma orientação, pois, na manhã seguinte, quando eu examinava o problema novamente, na maioria das vezes a solução surgia logo. Aquele julgamento parecia ter chegado quase inconscientemente, e minha convicção é que durante o tempo que eu não estava considerando conscientemente o problema, meu subconsciente estava revirando-o e relacionando-o com minha memória; havia sido trazida à luz as experiências que tive nos últimos anos, e o caminho através das dificuldades tornou-se óbvio. [...] São apenas os problemas raros e mais complexos que requerem o trabalho árduo de um esforço mental prolongado.

O que Thomson descreve tão bem é o processo contínuo de aprender não apenas a pensar por si mesmo, mas de ter confiança no seu julgamento. No entanto, há sempre o perigo do excesso de confiança. O sintoma principal é uma perda de humildade e de abertura de espírito, uma crescente indiferença para com as opiniões de outros bem qualificados para dar as suas opiniões e conselhos. O tempo é um recurso limitado para todos nós. Os líderes de alto nível têm de ser capazes de discriminar entre os que estão em torno deles — ou próximo deles — que têm algo relevante e importante a dizer, e podem dizê-lo de forma concisa, e aqueles que não têm estas duas credenciais. Esse princípio se aplica à discussão com grupos e com indivíduos. Como Osander, o autor grego de *On Generalship*, escreveu no século i d.c., implica, há um meio termo e outro a ser encontrado entre a confiança em seu próprio julgamento e a abertura aos julgamentos alheios, expressos coletiva ou individualmente:

> O general não deve ser tão instável em seu julgamento que desconfie inteiramente de si mesmo, nem tão obstinado a ponto de achar que nada do que o outro tenha pensado será melhor do que o que ele mesmo pensa. Inevitavelmente, se um líder atende a todos os outros e nunca a si mesmo, ele vai sofrer inúmeras derrotas. Por outro lado, se ele praticamente nunca escuta os outros, mas apenas a si mesmo, também vai cometer muitos erros em consequência.

No final do dia, porém, depois do tipo de reflexão que Thomson esboça, você deve seguir o seu próprio julgamento. E isso é tão verdadeiro nas nossas vidas pessoais quanto no nosso local de trabalho. Como diz Montagne: "Escuto com atenção os julgamentos de todos os homens; mas até onde me lembro, só segui os meus."

* * *

Os dois ingredientes básicos óbvios da "razão e da calma no julgamento, as qualidades que pertencem especialmente a um líder" *são a inteligência e a experiência*. Juntos, os antigos gregos acreditavam que elas equipavam o líder não só para tomar as decisões certas, mas para fazê-lo no momento certo e da maneira correta. Para o historiador grego Tucídides, o general ateniense e estadista Temístocles é o epítome dessa qualidade, que eles chamaram de *phronesis*, sabedoria prática.

Nascido em uma família sem distinção — pai de baixo status e mãe estrangeira —, quando menino, Temístocles mostrou habilidade e esforço incomuns. Ele é a prova viva de uma afirmação feita por Péricles, a saber, que em Atenas "o que conta não é pertencer a uma determinada classe, mas a capacidade real que o homem possui". Fiel à sua promessa inicial, Temístocles persuadiu os atenienses a desenvolver o Pireu como um porto e, então, a usar a renda dos seus ricos depósitos de prata para expandir e melhorar a sua frota de navios de guerra. Sob o seu generalato, os atenienses obtiveram uma grande vitória naval sobre os persas em Salamis (480), base para o crescimento do seu vasto império marítimo. Tucídides dá-nos uma ideia do seu talento multifacetado:

> Temístocles foi um homem que mostrou um gênio natural inconfundível; a esse respeito ele foi bastante excepcional, e além de todos os outros merece nossa admiração. Sem estudar um assunto com antecedência ou deliberar sobre ele mais tarde, mas usando simplesmente a inteligência que era sua por natureza, ele tinha o poder de chegar à conclusão certa em assuntos que têm que ser resolvidos no impulso do momento e não admitir longas discussões. E, ao estimar o que era provável que acontecesse, suas previsões do futuro eram sempre mais confiáveis do que as de outros. Ele explicaria perfeitamente qualquer assunto com que estivesse familiarizado e, depois, fora do seu próprio departamento, ainda era capaz de dar uma excelente opinião. Ele era particularmente notável em olhar para o futuro e ver ali as possibilidades ocultas para o bem ou o mal. Para resumi-lo em poucas palavras, pode-se dizer que, pela força do gênio e pela rapidez da ação, esse homem foi supremo em fazer precisamente a coisa certa no momento certo.

Na discussão de Aristóteles sobre ética, a *phronesis* desempenha um papel central. É essencialmente o julgamento prático sobre o que fazer e como fazê-lo em uma situação moralmente desafiadora. A *phronesis* é "imperativa", escreve Aristóteles; "dá ordens". O *phroninos* (pessoa sábia na prática) é um fazedor com habilidade e experiência. Nos evangelhos gregos, por exemplo, é o sábio (*phroninos*) quem constrói a sua casa sobre a rocha, enquanto o seu vizinho tolo não sabe mais do que construir sobre a areia. Por isso, quando chegam as tempestades de inverno, a sua casa fica de pé e a outra cai.

Nos escritos de Aristóteles sobre ética, a pessoa que é sábia na prática, no entanto, é mais do que apenas um fazedor. Ele ou ela é um pensador. Eles empregam sua sabedoria prática para descobrir o que é bom para o indivíduo e para a comunidade. Em nível global de liderança, isso significa procurar identificar o que conduz ao bem viver como um todo, tanto para a humanidade presente e futura, quanto para toda a vida em nosso complexo e frágil planeta.

Ninguém pode, portanto, ser praticamente sábio neste sentido mais amplo, a menos que seja bom: pois um dos sinais mais seguros de um bom líder é que ele procura definir o que é bom para o seu campo de trabalho escolhido, e também como cidadão do mundo, para as comunidades maiores de que é membro.

* * *

Há muito tempo, no início da Idade Média, um alquimista trabalhava até tarde da noite em busca da "pedra filosofal", a fórmula que transforma materiais comuns em ouro. Por acaso ele colocou na mistura sua inteligência, experiência e bondade. De manhã, quando tirou o cadinho do braseiro, encontrou ouro puro. Ele chamou-lhe sabedoria prática.

14
O QUE O LÍDER ACREDITA E ESPERA

A única maneira de liderar é mostrar o futuro às pessoas.
Um líder é um mercador de esperança.
NAPOLEÃO

Ser, saber e fazer resumem a sabedoria convencional — muito como esboçada neste livro — sobre o essencial de ser um líder. No entanto, há dois outros aspectos que exigem a nossa atenção — o que o verdadeiro líder *acredita e espera*.

Os grandes maestros acreditam na grandeza de suas orquestras, e essa crença os arma para obter a grandeza dos músicos envolvidos, tanto corporalmente quanto em equipe, e individualmente como instrumentistas. O potencial humano para a grandeza — se olharmos a humanidade como um todo, passado e presente — é teoricamente ilimitado, pois a mente humana é a maior maravilha do mundo. Os líderes transformam essa teoria em prática, assim como as turbinas transformam os rios em energia.

Outra maneira de ver a mesma imagem é virá-la de cabeça para baixo e dizer que as grandes orquestras merecem grandes maestros. Como o historiador romano Lívio disse uma vez: "Roma, sendo grande, merecia grandes líderes." Não que sempre os tenha encontrado. Então, como hoje, algumas nações, instituições e organizações têm de provar a sua grandeza apenas sobrevivendo a longos períodos de má liderança. Como os maus líderes não têm vergonha, só o tempo traz qualquer remédio para os danos que podem infligir aos seus concidadãos. Como diz um provérbio hebraico: *quando Deus quer castigar as ovelhas, envia-lhes um pastor cego*.

Ainda mais profunda do que a crença ou confiança do líder na grandeza das pessoas é a sua fé na bondade inalienável do homem. Por exemplo, Nelson Mandela, refletindo sobre seus 28 anos de prisão em Robben Island, disse:

> Mesmo nos momentos mais difíceis da prisão, quando meus companheiros e eu fomos levados até nossos limites, eu enxergava um reflexo de humanidade em um dos guardas, talvez apenas por um segundo, mas isso era o suficiente para me tranquilizar e me manter são. A bondade do homem é uma chama que pode ser escondida, mas nunca extinta.

A bondade pode ser entendida como uma propriedade holística de um grupo ou de uma sociedade como um todo, não apenas a qualidade do caráter de um indivíduo. Como Aristóteles salienta:

> É possível que a multidão, embora não individualmente composta de homens bons, ao se unir se torne melhor do que seus membros. Não como indivíduos, mas como um todo.
> Compare os jantares comunitários, que são melhores do que os fornecidos por um único bolso. Pois, quando há muitos, cada indivíduo tem uma porção de virtude e bom senso. E, quando eles se unem, assim como a multidão se torna um só indivíduo com muitos pés e muitas

mãos e com muitos sentidos, assim também ela se torna um só indivíduo em sua disposição moral e intelecto.

Numa carta a um amigo, Plínio, o Jovem, coloca-o ainda mais sucintamente:

> Em um grupo há uma grande sabedoria coletiva. Embora seus membros individuais possam ser deficientes em julgamento, o grupo como um todo tem muito conhecimento.

Alguns indivíduos são — para todos os efeitos e propósitos — completamente maus. No entanto, Shakespeare nos lembra que: "há alguma alma de bondade nas coisas más, se os homens a observassem destilando."

Falta de bondade e integridade em pessoas comuns — deficiências de caráter e não de personalidade — significa que aqueles que acreditam ou confiam nos outros se verão decepcionados de tempos em tempos. Tanto na vida profissional quanto na vida pessoal, essa experiência pode ser dolorosa. Ela traz consigo a tentação de se desiludir completamente com a natureza humana, como se punisse todas as pessoas pelos pecados de duas ou três. Mas os cínicos nunca produzem bons líderes. Na verdade, as pessoas boas tendem a seguir uma linha muito diferente.

"É mais agradável ser enganado às vezes", disse o dr. Samuel Johnson, "do que não confiar." Há muito tempo, na China antiga, Lao Tzu chegou à mesma conclusão:

> Aqueles que são bons, eu os trato como bons. Aqueles que não são bons, eu também os trato como bons. Ao fazê-lo, ganho em bondade. Aqueles que são de boa fé, neles tenho fé. Também tenho fé naqueles em quem falta a boa-fé. Ao fazê-lo, ganho em boa fé.

Em outras palavras, recusam-se a entregar a sua bondade por conta daqueles que os trataram com desumanidade.

À primeira vista, pode parecer irracional confiar nos outros como se fossem homens e mulheres de integridade e honra. Mas há o argumento de que se trata de uma política racional a adotar. Esse caso é feito por um filósofo alemão chamado Hans Vaihinger (1852-1933). Em seu livro *The Philosophy of As If*, Vaihinger explorou em profundidade:

> Noções que *não podem* representar realidades podem ser tratadas como se pudessem, porque fazê-lo leva a resultados práticos.

Um exemplo óbvio é a ciência, onde a suposição como se a verdade ou a ordem da compreensão estivesse abaixo da superfície das coisas, levou a descobertas após descobertas. Ninguém sabe o que é a verdade e, no entanto, como diz Pascal: "Temos uma ideia da verdade, invencível para todo o ceticismo." Mas agir como se ela existisse e pudesse ser explorada e mapeada é a crença ou fé de um grande cientista como Einstein. Sêneca, o escritor romano, que profetizou que grandes descobertas científicas seriam feitas nos séculos após a sua morte, dá aos cientistas de hoje a sua norma: "A verdade está aberta a todos, e as reivindicações ainda não estão todas em jogo."

Em outras palavras, confiar nos outros — acreditar na sua integridade ou bondade — pode justificar-se por razões pragmáticas: funciona.

* * *

Considere esta frase no livro de Ordway Tead, *A Art of Leadership* (1935):

> Os maiores líderes têm agido *como se* os valores da vida fossem reais e permanentes; *como se* a vida tivesse um significado e importância interior; como se o bem alcançado uma vez não pudesse ser perdido ou destruído; e como se a coragem, a resistência e a aceitação do inevitável fossem atributos adultos dignos.

Você pode ver que Tead está aqui aplicando corajosamente a filosofia de *como se* à vida como um todo. "Um homem de esperança e mente voltada para o futuro", como escreve *Wordsworth*. Aqui, penso que a *esperança* nos serve melhor do que acreditar.

Ser *otimista*, em contraste com ser pessimista, geralmente implica uma confiança temperamental de que tudo será o melhor. Ao contrário de *esperançoso*, muitas vezes sugere um fracasso em considerar as coisas de perto, ou realisticamente, ou mesmo uma vontade de ser guiado por ilusões ao invés de fatos. Ser *esperançoso*, por outro lado, implica algum fundamento, e muitas vezes razoavelmente bom, para se ter esperança; portanto, tipicamente sugere confiança de que há pouco ou nenhum autoengano ou que pode ser o resultado de uma consideração realista das possibilidades.

A *esperança* implica algum grau de crença — na ideia de que se pode esperar aquilo que se cobiça ou se deseja. Embora raramente implique certeza, geralmente conota confiança e muitas vezes (especialmente no uso religioso) implica profunda certeza.

Ninguém provou com qualquer grau de certeza que há algum propósito ou significado imediato em nossa vida humana — alguns fins não descobertos que dão à humanidade um destino em vez de uma sina — e que tem o potencial de fazer com que nossas vidas individuais valham a pena.

É igualmente verdade, porém, que ninguém provou com certeza que a vida não tem esses valores.

Você pode ver agora por que Napoleão chamou um líder de "mercador de esperança": pois o que todos os líderes tendem a fazer, independentemente do seu campo — ou mesmo do seu nível — é criar um clima de esperança. Fazem-no sozinhos, partilhando amplamente a sua confiança de que o fim ou resultado será favorável ou, pelo menos, melhor. A *esperança* é o oxigênio do espírito humano, pois é a atmosfera na qual os homens e mulheres podem respirar; cria um espírito onde todos querem trabalhar juntos como um só, dando o melhor de si à causa comum.

O ponto importante é que, enquanto a esperança ainda está viva, você tem uma chance. Como disse Alexander Dubcek, líder do levantamento tcheco contra os russos em 1968: "a esperança morre em último lugar; quem perde a esperança perde também o sentido do seu futuro".

Tomemos Dag Hammarskjöld como exemplo. Como secretário geral das Nações Unidas, o segundo a ocupar esse cargo, ele foi o líder nos esforços para manter a paz em um mundo dividido em blocos ocidentais e orientais. Quando a visão de uma forma mais elevada de sociedade internacional após o trauma da Segunda Guerra Mundial, uma nova ordem de paz, parecia condenada, Hammarskjöld recusou-se a abandonar a esperança: "Por vezes essa esperança — a esperança desse tipo de reação — é frustrada", disse ele, "*mas é uma esperança que não morre.*"

G. K. Chesterton disse uma vez que qualquer um pode ter esperança quando as coisas parecem realmente esperançosas. Só quando tudo é desesperado é que a esperança começa a ser uma força. Como todas as virtudes espirituais, acrescentou, "a esperança é tão irracional quanto indispensável".

Isso nos deixa com uma certa liberdade de escolha. E, como sugere Robert Frost, é uma escolha importante, especialmente para um jovem que está no limiar da sua vida adulta.

Olhando para trás em retrospectiva, você pode estar ciente de que em algum momento — mesmo sem ter certeza de quando — você *fez* essa escolha importante. O caminho não promissor, aquele que você tinha que viajar sozinho, provou, contra todas as probabilidades, ser o certo para você. Robert Frost escreve sobre essa experiência em seu poema "The Road Not Taken":

Eu estarei dizendo isso como um vislumbre
em algum lugar a eras e eras daqui:
Duas estradas divergiam em um bosque, e eu –
Eu tomei a menos percorrida,
E isso fez toda a diferença.

Os líderes tendem a estar entre aqueles que escolhem o caminho positivo e não o negativo. Ou, como Teilhard de Chardin o expressou, eles escolheram deliberadamente o mais ao invés do menos. E, é preciso acrescentar, também é mais provável que você encontre uma companhia melhor no caminho positivo.

Tais crenças ou esperanças pertencem, no entanto — é preciso dizê-lo novamente — à ampla categoria de Vaihinger de "noções que não podem significar realidades, mas que se tratadas como se significassem, produzem um estoque infindável de resultados benéficos ou frutíferos". Como já devem ter adivinhado, estou firmemente no campo de Vaihinger, mas é apenas a minha opinião pessoal. O que é que você acha?

* * *

Em 1930, graças a um fundo fiduciário criado por uma família local, a University of St. Andrew's, na Escócia, tornou-se a primeira universidade do mundo a estabelecer uma série de palestras anuais sobre liderança. Muitos homens famosos proferiram essas palestras ao longo dos vinte anos seguintes, mas a melhor foi a primeira, "Montrose e Liderança", proferida por John Buchan, romancista e governador-geral do Canadá. No decorrer da palestra, ele proferiu estas palavras, uma conclusão adequada tanto para este capítulo quanto para este livro como um todo:

> Uma última palavra. Podemos analisar a liderança meticulosamente, como um composto químico, mas nunca iremos extrair a sua essência interior. Haverá sempre algo que nos escapa, pois na liderança há algo de milagroso.
> Eu deveria definir o elemento milagroso como uma resposta do espírito ao espírito. Há em todos os homens, mesmo os mais humildes, algum parentesco com o divino, algo que é capaz de elevar-se acima das paixões comuns e da atração das recompensas fáceis, superior a dor e à perda, superior até à morte. O verdadeiro líder evoca isto. A grandeza nele ganha uma resposta, uma grande resposta em seus seguidores.
> A tarefa da liderança não é colocar grandeza na humanidade, mas elucidá-la, pois a grandeza já está lá.

Conclusão

Deve haver um começo em qualquer grande questão, mas a continuar até o fim, até que esteja completamente terminada, produz a verdadeira glória.

SIR FRANCIS DRAKE

Nossa grandeza humana está na nossa capacidade de transcender a serviço daquilo que tem mais valor para nós do que nós mesmos. Não há um único homem ou mulher que não tenha tido grandes momentos, que não tenha ascendido a raras ocasiões. É verdade que precisamos de situações que exijam o melhor de nós como líderes, mas todos os líderes podem se preparar para esse momento. Também não faltarão oportunidades, pois, como escreve Walt Whitman: "Está na essência das coisas que, de qualquer fruto de sucesso, não importa o que aconteça, surgirá algo para tornar necessária uma luta maior."

Uma vez perguntaram ao autor Graham Greene se ele se considerava um grande romancista. "Não muito", respondeu ele, "mas um dos melhores." Pode ser que a grandeza pessoal na liderança iluda a maioria dos líderes, já que depende de situações que evocam bem como nos seus dons como tal. Mas todos os líderes podem e devem aspirar a ser "um dos melhores".

A verdadeira excelência anda de mãos dadas com a humildade, essa improvável virtude de liderança. Humildade inclui ver a verdade sobre si mesmo e também estar aberto para aprender mais sobre boa liderança. Sugere, também, o sentido necessário da grandeza dos outros, pois "a tarefa da liderança não é colocar grandeza na humanidade, mas suscitá-la, porque a grandeza já existe".

Até onde você pode progredir nessa arte depende de sua habilidade natural, de suas oportunidades e de sua disposição para aprender. Por que a aprendizagem contínua é tão importante? Porque desenvolve a sua *capacidade*. Há dois mil anos, Cícero disse a mesma coisa. Ele admitiu o poder do talento natural, mas continuou dizendo: "Quando o método e a disciplina do conhecimento são adicionados ao talento, o resultado é geralmente excelente."

Ao desenvolver sua capacidade, você está adicionando aos seus recursos: o estoque ou reserva que pode utilizar quando necessário. A sua capacidade de conhecer e lidar com situações é melhorada. Resumindo, você está se tornando uma pessoa mais engenhosa.

Você não pode ensinar liderança; ela só pode ser aprendida: isto já foi dito muitas vezes. Verdade? Bem, meia verdade. Mas certamente é necessário um aprendizado *contínuo* de sua parte ao longo de sua carreira para que você possa se tornar um dos melhores.

O primeiro princípio para fazer progressos é estar focado no papel do líder e nas suas responsabilidades funcionais, sem se preocupar com os seus traços ou qualidades particulares. Se você acertar suas funções, suas qualidades irão cuidar de si mesmas. Como dizem os espanhóis, *o que fazes, tornas-te.*

Na tradição ocidental de liderança, o grande primeiro-ministro britânico William Gladstone — você deve se lembrar — enfatizou a importância de fazer exatamente isso. Tão central é o princípio que ele afirma que vale a pena recordar aqui:

Temos de respeitar as nossas responsabilidades, não nós próprios. Devemos respeitar os deveres de que somos capazes e não as nossas capacidades simplesmente consideradas.

Não deve haver autoavaliação complacente, ruminação em si mesmo. Quando o eu é visto, ele deve estar sempre na mais íntima conexão com seu propósito.

Isso, de fato, tem sido o tema deste livro. Uma boa parte da jornada para se tornar um líder estratégico eficaz, eu acredito, já está incutida em você, uma vez que está claro em sua mente o que o trabalho implica.

Uma vez nítido em sua mente o que os outros esperam de um líder, você pode se aplicar com crescente confiança na tarefa de desenvolver — ou adquirir — os conhecimentos, habilidades e qualidades pessoais de que precisa para alcançar o sucesso.

Em qualquer nível, a liderança é uma arte prática. Aprende-se fazendo-o. Realmente, o máximo que um livro como esse pode fazer é cortar o tempo que demora para aprender pela experiência. Ou, dito de outra forma, oferece-lhe a oportunidade de aprender com a experiência de outros o que funciona e o que não funciona.

Para progredir como um líder você precisa tanto do conhecimento quanto dos princípios — as verdades atemporais, mas sempre oportunas, sobre liderança — e de muita experiência, de preferência em mais de um campo e em mais de um nível. É quando as faíscas saltam entre os princípios e a prática, a teoria e a experiência, que a aprendizagem ocorre. Então, você vai se ver continuamente indopara a frente e para cima no caminho da liderança.

Se esse livro despertou em você o desejo de ser "um dos melhores" como líder, minha caneta descansará. Se, além disso, encontrar algumas ideias e sugestões práticas que o levarão pelo nosso caminho, ficarei encantado. Espero que em algum lugar você tenha ouvido a música da liderança, pois, no final das contas, como disse o marechal de campo Lord Slim, "Liderança é sobre espírito".

Se você se perder na biblioteca sempre crescente de livros de liderança, volte-se para o modelo dos Três Círculos — realizando a tarefa, construindo a equipe e desenvolvendo o indivíduo. Por mais longa ou curta que seja a sua viagem, será útil como bússola no seu bolso, ou, melhor ainda, como gravação na sua mente, para que não tenha de pensar nisso: faz parte de quem você é.

Finalmente, espero que você tenha encontrado algumas sementes de inspiração nessas páginas, pois, se você está inspirado como um líder, encontrará dentro de si o poder de inspirar outros. Chega de mim:

> *Amigo, já leste o suficiente.*
> *Se desejares ainda mais,*
> *então seja você mesmo a odisseia,*
> *e tudo o que ela representa.*
>
> ANGELUS SILESIUS, SÉCULO XVII
> POETA ALEMÃO

Conheça também o outro livro de John Adair

DISPONÍVEL EM:
www.ubook.com

OUÇA ESTE E MILHARES DE OUTROS LIVROS NO UBOOK.
Conheça o app com o **voucher promocional de 30 dias.**

Para resgatar:
1. Acesse **ubook.com** e clique em **Planos** no menu superior.
2. Insira o código **#UBK** no campo **Voucher Promocional.**
3. Conclua o processo de assinatura.

Dúvidas? Envie um e-mail para contato@ubook.com

*

ACOMPANHE O UBOOK NAS REDES SOCIAIS!
ubookapp   ubookapp   ubookapp